Valmor Saraiva Racorti
Adriano Enrico Ratti de Andrade

SEGURANÇA ESCOLAR

Prevenção multidisciplinar
contra-ataques ativos

CB029614

Ícone
editora

SEGURANÇA ESCOLAR

ESCOLAR

Prevenção multidisciplinar
contra-ataques ativos

Revisão

Tania Lins

Capa

3k Comunicação

Diagramação

3k Comunicação

CIP-BRASIL. CATALOGAÇÃO NA PUBLICAÇÃO
SINDICATO NACIONAL DOS EDITORES DE LIVROS, RJ

R119s

Racorti, Valmor Saraiva

Segurança escolar : prevenção multidisciplinar contra-ataques ativos / Valmor Saraiva Racorti, Adriano Enrico Ratti de Andrade. - 1. ed. - São Paulo : Ícone, 2023.

192 p. ; 23 cm.

Inclui bibliografia e índice
ISBN 9786586179316

1. Violência na escola - Prevenção. 2. Violência contra estudantes. 3. Ambiente escolar - Medidas de segurança. 4. Segurança pública. 5. Mediação de conflitos. I. Andrade, Adriano Enrico Ratti de. II. Título.

	CDD: 371.782
23-87053	CDU: 37.06:351.74

Meri Gleice Rodrigues de Souza - Bibliotecária - CRB-7/6439

13/11/2023   16/11/2023

Prefácio

"A violência é sempre terrível, mesmo quando a causa é justa"
Friedrich Schiller

O poeta, ainda no século XVIII, preconizava as ações a que temos assistido em pleno século XXI: que a violência tem uma causa e que se pode justificá-la. Tem sido assim nos últimos eventos de violência extrema.

Na obra, os autores apontam alguns atos em que muitas pessoas pereceram em nome de ações extremistas que diziam que elas eram justificadas pelo avesso aos costumes sociais de outros povos.

Esse mesmo efeito é apontado em casos de violência em escolas, como o caso Columbine (EUA) ou da narrativa escolar no Rio de Janeiro (Brasil). Em ambos, as ações justificariam o tratamento dado aos estudantes, o *bullying*, por exemplo.

A obra mostra, com referências atualizadas, que essas ações se encontram em casos chamados de "ações volitivas em incidentes críticos de conflito". São vários os exemplos apontados. Os autores especificam os objetivos da obra de maneira muito clara, focando em uma análise dos incidentes críticos nos EUA e no Brasil.

Em texto didaticamente claro e apoiado em estatísticas, Racorti e Andrade se apropriam das ações ocorridas nos EUA para delas tirar aprendizagem a ser usada em casos que possam ocorrer no Brasil, como, aliás, já temos presenciado com frequência indesejada.

Em todos os sentidos, a obra é relevante para enfrentamentos de ações que geram incidentes de conflito, e os autores apresentam uma formação invejável em relação à segurança. Em boa hora, o público receberá uma obra necessária e importante.

Como bem disse o poeta, a violência não pode ser justificada.

Comandante Hamílton

Jornalista e piloto de helicóptero pioneiro na cobertura de eventos jornalísticos por helicóptero para grandes redes de televisão do país

Sumário

INTRODUÇÃO   11

CAPÍTULO 1:ESTUDO DOS CASOS QUE ENSEJARAM A REVISÃO DOS PROTOCOLOS DE RESPOSTA POLICIAL   15

1.1 Torre da Universidade do Texas   15

1.2 Colégio Columbine   18

1.3 Instituto Politécnico da Virgínia   24

1.4 Edifício 197 do Comando de Operações Navais da Marinha dos EUA   28

CAPÍTULO 2: GERENCIAMENTO DE INCIDENTES   33

2.1 Princípios do NIMS   29

2.2 Características de gerenciamento do NIMS   41

2.3 Áreas de missão do NPG   45

CAPÍTULO 3: ATAQUES ATIVOS: CONCEITOS E ANÁLISE DO FENÔMENO — 57

3.1 Análise dos incidentes ocorridos nos Estados Unidos — 58

3.2 Análise dos incidentes ocorridos no Brasil — 62

3.3 Comentários à análise — 68

CAPÍTULO 4: RESPOSTA E SOBREVIVÊNCIA EM INCIDENTES CRÍTICOS — 71

4.1 Negação — 71

4.2 Deliberação — 72

4.3 Agir — 77

4.4 Protocolos de resposta — 78

4.5 Como se portar com os Primeiros Interventores e Socorristas — 82

CAPÍTULO 5: APLICAÇÃO DOS SISTEMAS DE COMANDO E CONTROLE — 87

5.1 Comandante do Incidente — 92

5.2 Dinâmica do SCI no ambiente escolar — 98

5.3 Dinâmica do SCI durante um ataque ativo — 102

CAPÍTULO 6: RESPOTA POLICIAL EM ATAQUES ATIVOS — 111

6.1 Momento do caos — 113

6.2 Equipe de contato — 122

6.3 Atendente de emergência — 133

CAPÍTULO 6: O CAMINHO DA VIOLÊNCIA 145

7.1 Fases do caminho da violência 147

7.2 Abordagem preventiva multidisciplinar 160

7.3 Considerações finais 167

CAPÍTULO 8: EXPERIÊNCIAS REAIS 171

Relato da Professora Cinthia da Silva Barbosa 171

Relato da Diretora Vanessa Cristina Soares 174

Relato da Professora Rita Reis 175

Relato da Professora Ana Celia 177

REFERÊNCIAS 181

Introdução

Nos últimos anos, lamentavelmente, têm se intensificado ataques contra locais que deveriam ser santuários de aprendizagem e crescimento, as instituições de ensino no Brasil. Os causadores desses ataques não demonstram qualquer sinal de empatia com a vida humana, provocando preocupação de todos e exigindo respostas eficazes.

O presente trabalho nasceu de uma parceria entre os autores, que agregaram seus conhecimentos profissionais nos diferentes níveis de resposta policial em incidentes críticos, bem como em cursos na área de gestão de incidentes, para assim fornecer uma abordagem sistêmica, compreensiva e multidisciplinar.

Neste livro, mergulharemos nas complexidades desses ataques e buscaremos proporcionar uma abordagem ampla e multidisciplinar para a prevenção e resposta a incidentes críticos nas escolas. Por meio de pesquisas sólidas, estudos de casos reais e experiências práticas, nosso objetivo é equipar educadores, socorristas, pais e todos os interessados com as ferramentas necessárias para enfrentar esse desafio.

Iniciaremos nossa jornada compreendendo os eventos que moldaram a resposta a essas crises, explorando casos emblemáticos, como a tragédia na Torre da Universidade do Texas, o massacre no Colégio Columbine, o terrível episódio no Instituto Politécnico da Virgínia e o incidente no Comando de Operações Navais da Marinha dos EUA.

À medida que exploramos essas histórias, lançaremos luz sobre os protocolos de atuação policial que evoluíram em resposta a esses incidentes. Mas nosso enfoque não se limita a protocolos; buscamos compreender a complexidade dos ataques ativos e como podemos preveni-los.

No decorrer deste livro, não apenas examinaremos a triste realidade dos ataques ativos, mas também as histórias de resiliência e sobrevivência que emergiram desses momentos sombrios. Abordaremos tópicos como o gerenciamento de incidentes, o papel das equipes de resposta, a dinâmica dos sistemas de comando e controle, bem como uma abordagem preventiva multidisciplinar baseada na análise comportamental e na avaliação de riscos.

A viagem que empreenderemos nestas páginas é uma busca por conhecimento, compaixão e ação. É um convite para que todos nós, como membros de comunidades educacionais e sociedades mais amplas, nos unamos para tornar nossas escolas mais seguras e nossos jovens mais protegidos.

Capítulo 1

Estudo dos casos que ensejaram a revisão dos Protocolos de Resposta Policial

Neste capítulo, apresentamos de modo cronológico e didático os casos mais graves de ataque ativo ocorridos nos Estados Unidos e as lições que deles foram sendo apreendidas com o tempo, as técnicas, os erros e os acertos, dos anos de 1960 até os nossos dias, todas registradas. Esta meia década de aprendizagem, ainda que sempre passível de ulterior evolução, muito tem a dizer também ao Brasil, pois, aqui, apesar de os casos ocorrerem em menor número e serem mais pontuais, também se valem, à diferença dos EUA, de certo despreparo das agências responsáveis pela segurança de um modo amplo. Isso, no entanto, pode — e deve — ser mudado. Daí a importância da exposição, ainda que sumária, dos casos e das lições deles colhidas.

1.1 Torre da Universidade do Texas

Disparos na Torre da Universidade do Texas (Britannica, 2023).

Em 1º de agosto de 1966, um franco-atirador com treinamento militar, empunhando um rifle de alta potência de estilo militar, atirou em 45 pessoas do alto da Torre da Universidade do Texas. Inicialmente, os Primeiros Interventores[1] das forças de segurança não conseguiram pará-lo, devido às vantagens táticas do atacante.

Decorridos aproximadamente 90 minutos de ação do atirador, finalmente, os Primeiros Interventores, armados apenas com revólveres e uma espingarda, atacaram com sucesso a torre e eliminaram a ameaça. Após esse incidente, chefes de polícia e xerifes de todo o país reconheceram a necessidade de suas agências de segurança possuírem treinamentos e armas mais avançadas (de estilo militar), o que levou à formação de equipes de *Special Weapons and Tactics* (SWAT)[2].

O conceito de SWAT mostrou-se sólido e fundamental para salvar inúmeras vidas e gerou como efeito colateral, não intencional, o desenvolvimento de ações pelas agências de segurança pública, que passaram a ser implementadas com o objetivo de treinar os Primeiros Interventores no enfrentamento de situações táticas complexas. Assim, em vez de lidar com a crise por conta própria, após estabelecimento do perímetro pelos Primeiros Interventores, a SWAT seria acionada.

Lições aprendidas

Em resposta ao incidente da Torre da Universidade do Texas e em meio a outros vários eventos marcantes, incluindo os tumultos de Watts, em Los Angeles, equipes de intervenção tática especial (da SWAT) foram formadas no fim da década de 1960 e no início da década de 1970.

---

1. O termo "Primeiros Interventores" refere-se aos primeiros profissionais de segurança pública que chegam ao local da ocorrência. Surgiu no Relatório pós-ação, produzido pela Comissão de Revisão de Columbine (COLORADO, 2001).
2. Traduzido como "Armas e Táticas Especiais". Consistem em equipes policiais especializadas, criadas por diversos departamentos de polícia nos EUA, para lidar com incidentes críticos que ultrapassassem as capacidades dos policiais de patrulha.

O Comandante aposentado do Departamento de Polícia de Los Angeles, Daryl Gates, é considerado um dos "pais da SWAT" pela maior parte da comunidade tática policial norte-americana. Sua análise inovadora inspirou a evolução das unidades táticas policiais em toda a nação norte-americana.

À medida que unidades táticas começaram a ser desenvolvidas nas organizações de polícia americanas, nos anos 1970 e 1980, iniciou-se uma ligeira depreciação da função e das atribuições dos policiais de patrulha, responsáveis pelo policiamento convencional.

Nesse período, o serviço policial, em geral, iniciou um ciclo de especialização por áreas, tais como narcóticos, roubos, homicídios e unidades táticas. Dessa forma, nas organizações policiais, que já dispunham de unidades táticas especializadas, policiais de patrulha e outros encarregados da primeira resposta habituaram-se a responder aos cenários de crise policial atuando no estabelecimento do perímetro, na contenção da situação e, posteriormente, no acionamento de equipe da SWAT. Essa incumbência se tornou um procedimento padrão em todos os departamentos de segurança do país que tinham à disposição uma equipe da SWAT em até 160 quilômetros de distância.

As agências de segurança mantiveram tal procedimento como reposta para situações taticamente complexas até o ano de 1999.

1.2 Colégio Columbine

Estudantes em fuga no massacre de Columbine (NBC News, 2022).

Em 20 de abril de 1999, uma terça-feira, a menos de quinze minutos do horário do almoço, uma escola secundária (Colégio Columbine), localizada no Condado de Jefferson no Estado do Colorado, foi atacada por dois estudantes armados, que mataram 13 pessoas e feriram outras 24, antes de apontarem as armas para si mesmos e se suicidarem. Foi o ataque escolar mais devastador da história dos Estados Unidos.

Os atiradores tinham um plano e delinearam a missão para matar o maior número possível de alunos e professores. Eles detonaram explosivos improvisados dentro da escola e dispararam suas armas contra qualquer um que tentasse fugir.

Obcecados por *vídeo games* violentos e técnicas paramilitares, passaram um ano se preparando para o "grande dia". Desenharam mapas e criaram um sistema de sinais manuais silenciosos para coordenar seus movimentos, e, no final, reuniram um arsenal de armas semiautomáticas e explosivos improvisados para perpetrar um crime que a nação jamais esqueceria.

Apelidados de "Máfia do Trenchcoat", em razão do hábito de usar sobretudos pretos, esses adolescentes, há muito, eram intimidados e desprezados pelos colegas de classe. Decidiram, então, colocar o plano em prática. Sem nenhum motivo especial para viver, eles decidiram ainda tirar a própria vida. Dentro desse processo, porém, também desejavam explodir a escola e matar o máximo de colegas que pudessem. No dia anterior ao ataque, eles enviaram um e-mail à polícia local declarando que a vingança contra aqueles que os ridicularizaram havia sido cumprida, culparam pais e professores por transformarem seus filhos em ovelhas intoleráveis e anunciaram o próprio suicídio.

Lições aprendidas

Na análise pós-ação de Columbine, realizada por uma comissão criada pelo governador do Colorado designada para investigar os fatos, chegou-se à conclusão de que a polícia e as instituições educacionais precisavam colaborar para melhorar a resposta conjunta a incidentes críticos. O relatório produzido indicou especificamente a necessidade de os órgãos policiais e escolas trabalharem juntos para desenvolver planos de crise para emergências. Além disso, enfatizou a importância do *Incident Command System* (ICS)[3] para todas as agências, visando a uma metodologia única de trabalho, a fim de evitar problemas nos quais vidas humanas estão em risco.

Pilotos de todo o mundo falam inglês durante o voo. Não porque o inglês seja uma língua inerentemente superior ao alemão, russo, chinês ou espanhol, mas porque todos os envolvidos em viagens

---

3. Como definição, temos que o ICS é uma abordagem padronizada para o comando, controle e a coordenação do gerenciamento de incidentes no local que fornece uma hierarquia comum dentro da qual o pessoal de várias organizações pode ser eficaz. (NIMS, 2017). O ICS especifica uma estrutura organizacional, gerenciamento de incidentes que integra e coordena uma combinação de procedimentos, pessoal, equipamento, instalações e comunicações, e será estudado de forma mais detalhada no capítulo cinco.

aéreas percebem que não usar um idioma em comum, provavelmente, resultaria em acidentes graves com muitas mortes. Assim, todos os envolvidos em viagens aéreas convencionaram utilizar uma língua única para se comunicar. Uma linguagem que não é perfeita, mas é boa o suficiente para colocar todos no mesmo patamar e permitir realizar o que for preciso para salvar vidas.

O relatório pós-ação ainda realizou as seguintes recomendações (COLORADO, 2001):

- A política e o treinamento dos órgãos de segurança pública devem enfatizar que a mais alta prioridade dos Primeiros Interventores, depois de chegarem ao local de uma crise, é parar qualquer ataque em curso. Todos os policiais podem ser socorristas em uma crise, mas todos devem ser também treinados em conceitos e habilidades de implantação rápida de emergência, designados ou não como membros de equipes permanentes ou de reserva de armas e táticas especiais (SWAT), e devem ter imediatamente à disposição todas as armas e todos os equipamentos de proteção que possam ser exigidos na atuação contra os atacantes ativos.

- Os chefes e comandantes dos órgãos de segurança pública devem ser treinados para assumir o comando no início de uma crise, para controlar equipes reunidas e comunicar os objetivos do incidente de forma clara aos seus subordinados.

- A agência de segurança pública há de planejar seus sistemas para facilitar a comunicação de crise com outras agências com as quais se espera que possam razoavelmente interagir em emergências. Porque, por exemplo, uma rede de rádio eficaz para comunicações é indispensável para uma rápida implantação ao se atender aos incidentes dessa natureza. Os distritos escolares onde a polícia local e as agências de resgate utilizam larguras de banda para comunicações devem considerar a instalação de repetidores em edifícios escolares maiores a fim de facilitar as comunicações de dentro desses edifícios para receptores externos.

- Funcionários apropriados em cada condado do Colorado devem preparar e manter atualizado um grande plano de resposta a emergências críticas abordando crises em grande escala, incluindo aquelas que surgem nas escolas locais. O conteúdo apropriado de tal plano faz-se imprescindível.

- Deve-se incluir avaliações dos recursos de resposta do público e da comunidade, a localização e a disponibilidade dos recursos necessários e os requisitos para lidar com tais emergências. Por exemplo, a designação de policiais encarregados de um posto de comando e processamento da cena do crime, procedimentos a serem seguidos na evacuação de feridos e na designação de instalações médicas para as quais serão transportados, bem como atribuição de responsabilidade de extinguir incêndios e descartar materiais incendiários e dispositivos explosivos.

- Sessões regulares de planejamento devem ser realizadas com a participação de representantes de entidades policiais federais, municipais e locais, bombeiros e resgate, agências e administradores de escolas locais a fim de se concentrarem nos preparativos para uma série de emergências previsíveis (incluindo os piores cenários), com base no plano de resposta a emergências críticas do condado. Autoridades e agências participantes devem basear o treinamento interinstitucional e os ensaios de resposta a desastres no plano atual.

- Cada escola, no Colorado, há de desenvolver um plano de emergência para crises e atender às preocupações específicas de segurança. Ao elaborar tal plano, os administradores de cada instituição devem solicitar aconselhamento dos órgãos de segurança pública de fiscalização e salvamento. O planejamento de segurança escolar também levará em conta as necessidades e respostas esperadas para emergências não apenas de alunos, administradores e professores, mas de todos os funcionários que atuam naquele ambiente escolar.

- O treinamento na escola e os ensaios de preparação são críticos componentes de um plano de emergência eficaz. A preparação exige que os membros de cada equipe de resposta a emergências conheçam os papéis que serão obrigados a exercer em caso de crise e que pratiquem ou ensaiem, com muito empenho, essas funções. Cada escola deve agendar exercícios de crise pelo menos uma vez por ano, e preferencialmente uma vez a cada período escolar. É desejável incluir a polícia e os bombeiros na preparação de cenários em que essas agências atuam.

- Polícia, bombeiros e agências de resgate, hospitais e agências de apoio às vítimas, como parte de seu planejamento para graves crises futuras, devem se preparar para lidar com uma onda de atenção da mídia que provavelmente se manifestará bem antes que a crise termine. Seria bom, portanto, incluir representantes da mídia nesse processo de planejamento. Mais: uma equipe de avaliação de ameaças deve ser estabelecida em cada escola secundária do Colorado. Ela será responsável por avaliar ameaças de violência relatadas por alunos, professores, funcionários da escola ou agentes de segurança pública.

- Todos os relatórios de ameaças verbais e escritas, "listas de alvos" ou outros indícios de violência futura devem ser levados a sério por essa equipe. Cada equipe deve incluir pessoas da escola, como um conselheiro ou um vice-diretor, que conheçam os alunos, a cultura estudantil da organização e que sejam capazes de coletar informações no âmbito da própria escola, pois isso é útil para avaliar cada ameaça detectada. É desejável, se possível, nomear, a cada equipe de avaliação de ameaças, um profissional de saúde mental treinado, como, por exemplo, um psicólogo escolar, e também alguém com formação em Direito Penal.

No total, foram 59 (cinquenta e nove) recomendações dadas a partir deste caso, mas a principal lição aprendida do evento foi a identificação de pontos fracos e filosofias ultrapassadas no protocolo de Gerenciamento de Crises. Como consequência disso, profissionais das forças de segurança de todo o território americano entenderam que a equipe de primeira resposta precisa, sim, estar preparada para intervir mais rapidamente em ameaças em que a demora na resposta pode causar a perda contínua de vidas humanas inocentes.

No livro *Active Shooter Events and Response,* os autores deixam clara essa visão:

> Uma lição aprendida rapidamente com Columbine foi a de que os primeiros agentes da lei desempenham um papel crítico durante situações de atirador ativo. Olhando para trás, historicamente, desde a criação das equipes da SWAT, a profissão de aplicação da lei condicionou a função de patrulha a falhar em uma situação de atirador ativo como Columbine. Não só houve muito pouco ou nenhum treinamento tático fornecido

aos patrulheiros para responder a esse tipo de evento, mas também o treinamento fornecido reforçou o conceito de contenção e convocação de equipes da SWAT para lidar com situações críticas. Foi muito fácil sentar e criticar os Primeiros Interventores em Columbine e culpá-los por não perseguirem os suspeitos até a escola para encerrar o ataque mais cedo; no entanto, não devemos esquecer o fato de que eles não foram treinados para fazer isso. (BLAIR *ET AL.*, 2013, Tradução nossa)[4].

1.3 Instituto Politécnico da Virgínia

Primeiros Interventores em ação no Virginia Tech (NBC News, 2007).

---

4. John Pete Blair é um renomado pesquisador e especialista em segurança, conhecido por seu trabalho no campo de treinamento de resposta a atiradores ativos. É o diretor-executivo do Programa ALERRT da Universidade do Texas.

Em 16 de abril de 2007, no Instituto Politécnico da Virgínia, conhecido como *Virginia Tech*, um estudante assassinou duas pessoas em um dormitório do campus. Depois, foi para um prédio de salas de aula, trancou as portas e começou a matar alunos e professores. O atacante se moveu para a frente e para trás entre cinco salas de aula diferentes no segundo andar. Em algumas salas, os ocupantes conseguiram manter o atacante fora ou retardá-lo, bloqueando a porta com seus corpos, permitindo que outros escapassem pela janela. O atacante, entretanto, entrou em outras salas sem obstrução e atirou sistematicamente nos ocupantes à queima-roupa. Depois de matar 30 indivíduos e ferir outros 17, em apenas 11 minutos, o atacante se suicidou ao ouvir os policiais arrombando a porta externa.

A resposta dos Primeiros Interventores foi rápida e eficaz; no entanto, esse ataque ilustrou que uma resposta rápida e eficaz da polícia não é suficiente para impedir que um invasor mate várias pessoas. Esse ataque também destacou o fato de que as ações tomadas por civis durante os primeiros minutos de um ataque (antes da chegada dos policiais) podem reduzir significativamente o número de mortes.

Lições aprendidas

A *Advanced Law Enforcement Rapid Response Training* (ALERRT)[5], o *Federal Bureau of Investigation* (FBI)[6] e várias outras agências federais, estaduais e locais de aplicação da lei concordam que treinar civis para adotar o seguinte modelo lhes dará uma melhor chance de sobreviver a um incidente de Atirador Ativo:

---

5. Traduzido como "Treinamento Avançado de Resposta Policial Rápida", está sediado na Universidade do Estado do Texas. Foi criado em 2002 para endereçar a necessidade de treinamento de primeiros interventores para resposta a eventos de atirador ativo. Em 2013, o ALERRT foi nomeado o padrão nacional de treinamento para atirador ativo pelo FBI.
6. Traduzido como "Escritório Federal de Investigação", trata-se de uma agência federal norte-americana de segurança nacional, com responsabilidades nas áreas de inteligência e policial.

Se for seguro fazê-lo, para você e para as pessoas sob seus cuidados, a primeira ação a ser tomada é evacuar, rápida e cautelosamente, para uma direção distante do atacante e mover-se para um local seguro. Se for apanhado pelo atacante, deve barricar a porta, sair de vista e preparar um plano para usar o trabalho de equipe e armas improvisadas para incapacitar o atacante caso este entre na sala.

Este modelo de resposta civil é conhecido como Evitar, Negar, Defender e/ou Correr, Esconder, Lutar. Os civis treinados neste modelo são informados e capacitados para tomar suas próprias decisões de salvamento com base em circunstâncias específicas. Ao fazer isso, suas chances de sobrevivência aumentam muito, porque eles terão uma mentalidade proativa. Esse modelo também reduz o número de pessoas que um atacante pode matar num breve período de tempo, pois ele nunca encontrará uma sala cheia de vítimas estacionárias para que possa atirar facilmente à queima-roupa. Em vez disso, o atacante terá de tentar acertar as pessoas enquanto elas correm para longe dele ou quando o surpreendem e contra-atacam, usando um eficaz trabalho de equipe e armas improvisadas.

A ALERRT oferece nos EUA um curso intitulado *Civilian Response to Active Shooter Event* (CRASE). Eis o método em ilustrações:

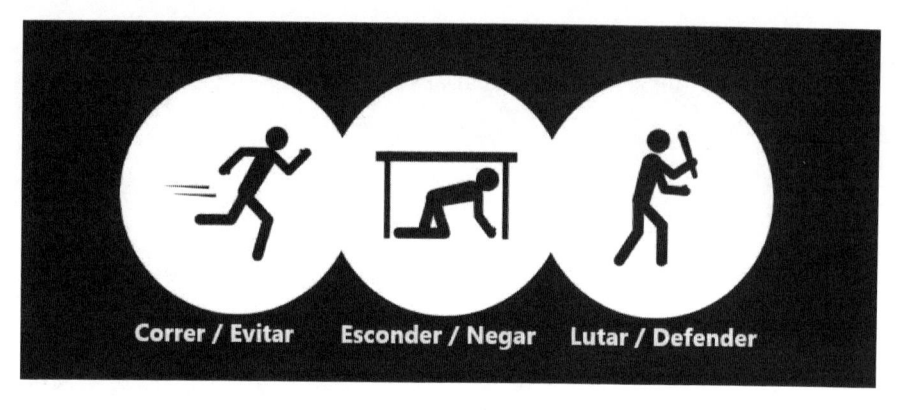

Método *Run, Hide, Fight* (Illinois State University, 2018, tradução nossa).

Outra lição aprendida em *Virginia Tech* foi a necessidade de os Primeiros Interventores portarem equipamentos para arrombamento tático. Simplesmente o atacante acorrentou e trancou as portas de acesso, retardando a entrada da polícia no prédio. Nesse caso, muitos dos Primeiros Interventores eram, na verdade, membros da equipe SWAT treinados e equipados para arrombamento com espingarda. Podemos imaginar quantas outras vítimas poderiam ter sido baleadas e mortas antes que os policiais pudessem entrar no prédio. Sim, os equipamentos de arrombamento e invasão manual, bem como espingardas para o policial de patrulha, inéditos antes dos ataques na *Virginia Tech*, agora estão se tornando padrões de treinamento em todo o território dos EUA.

Outro ponto importante evidenciado foi o papel crítico que os médicos táticos da equipe SWAT de cada agência desempenharam para salvar vidas. O serviço médico de emergência (EMS) e outros médicos especialmente treinados estarão respondendo a um evento de ataque ativo; no entanto, os protocolos atuais dos EUA proíbem que essa equipe de emergência adentre um local de crise antes que a polícia o declare seguro.

Como foi testemunhado, em *Virginia Tech*, bem como em Columbine, o local da crise pode não estar completamente seguro por horas, isto é, a estrutura metodicamente limpa para garantir que a ameaça foi, de fato, eliminada. Os policiais precisam ter treinamento médico básico para salvar vidas, semelhante ao treinamento que membros das Forças Armadas recebem em situações de combate.

1.4 Edifício 197 do Comando de Operações Navais da Marinha dos EUA

Policiais atuando no incidente do Comando Naval da Marinha dos EUA
The New York Times, 2013

Em 16 de setembro de 2013, um empreiteiro do governo passou pela segurança, entrou no edifício 197 do Comando de Operações Navais da Marinha em Washington, tirou uma espingarda de sua bolsa e começou a atirar nas pessoas. O atacante moveu-se de andar em andar, no grande edifício, atirando em funcionários, que corriam para se proteger ou se escondiam sob suas mesas. Os Primeiros Interventores começaram a entrar no prédio minutos após os tiros iniciais e localizaram rapidamente várias vítimas gravemente feridas, mas devido ao tamanho do prédio, demoraram mais de uma hora para localizar e neutralizar o referido atacante.

Nas horas seguintes, mais e mais Primeiros Interventores chegaram e entraram no prédio até que centenas estivessem lá dentro procurando por possíveis atiradores extras. Ao mesmo tempo, centenas de profissionais de segurança pública se reuniram nas proximidades, esperando que a área fosse declarada segura para que pudessem entrar e ajudar. Mesmo com centenas de policiais e socorristas nas proximidades, foram necessárias várias horas para que o prédio fosse declarado seguro o suficiente, a fim de que os socorristas entrassem e alcançassem as vítimas. Nessa ocasião, muitas das vítimas gravemente feridas haviam falecido.

Um dos motivos pelos quais se levou tanto tempo para que um número tão grande de Primeiros Interventores realizasse as buscas no prédio foi que socorristas de diferentes agências gastaram um tempo significativo realizando buscas em locais que já haviam sido verificados previamente (duplicação de esforços).

Muitos Primeiros Interventores estavam tentando encontrar e eliminar os atiradores, e, assim, poucos foram empregados para controlar as seções do prédio e retirar os feridos.

Lições aprendidas

Como resultado das lições aprendidas, foram adicionados aos cursos da ALERRT os conhecimentos e as habilidades necessárias para que os policiais façam a transição sem demora do *stop the killing*[7] para o *stop the dying*[8].

Parar a morte refere-se ao fornecimento de cuidados médicos imediatos para salvar vidas dentro da chamada zona quente, seguido pela evacuação rápida de vítimas gravemente feridas para um local onde recursos médicos significativos estejam disponíveis para tratá-las.

---

7. Traduzido como "parar a matança".
8. Traduzido como "parar a morte".

Isso pode ocorrer dentro da própria zona quente ou, se não houver ambulâncias suficientes disponíveis, significará transportar as vítimas até o centro de trauma mais próximo.

Embora os torniquetes tenham se mostrado muito eficazes para interromper a hemorragia nos braços e nas pernas, os Primeiros Interventores devem se lembrar ainda de que os indivíduos baleados geralmente apresentam lesões internas difíceis de observar e impossíveis de serem tratadas no local.

Essas vidas só podem ser salvas se o indivíduo chegar a um centro de trauma em um curto período de tempo. Minutos constituem a diferença entre a vida e a morte. Portanto, os socorristas devem permanecer focados nas principais prioridades e não deixar que nada atrase seus esforços para eliminar a ameaça, e, em seguida, iniciar imediatamente o processo de retirada das vítimas gravemente feridas do perigo e colocá-las a caminho de um centro de trauma.

Os Primeiros Interventores precisam ser treinados para tratar medicamente e evacuar as vítimas de maneira segura e oportuna antes que toda a estrutura seja liberada (corredores de segurança). Dividirão também grandes estruturas em unidades menores que podem ser limpas e consideradas zonas quentes para a entrada da equipe médica.

O apoio do cidadão com pedido médico e transporte foi fundamental, no início do incidente, mitigando vidas perdidas. O treinamento contínuo e a educação dos cidadãos sobre estratégias de resposta para um evento de atirador ativo podem diminuir a perda de vidas.

"

Se for seguro fazê-lo, para você e para as pessoas sob seus cuidados, a primeira ação a ser tomada é evacuar, rápida e cautelosamente, para uma direção distante do atacante e mover-se para um local seguro.

Capítulo 2

Gerenciamento de incidentes

A existência de polícias pelo mundo demonstra a sua importância em uma sociedade organizada, pois visa a garantir a boa convivência das pessoas, evitando o cometimento de atos que não são socialmente aceitos. Trata-se da supremacia do interesse público sobre o particular, em que, sob certas circunstâncias, limitam-se os direitos individuais para se preservar os coletivos.

É da própria natureza da polícia atuar quando da quebra da ordem, contudo, mesmo com a experiência e o preparo das instituições policiais, há eventos em que a resposta policial rotineira não será suficiente para a resolução do conflito, necessitando de uma ação diferenciada para aquele evento em particular.

Esses eventos podem ocorrer de diversas maneiras, desde grandes desastres até ocorrências pontuais, sendo denominados inicialmente como crises, que, conforme o conceito da Academia Nacional do FBI trazido ao Brasil por Souza (1995)[9], é "um evento ou situação crucial, que exige uma resposta especial da Polícia, a fim de assegurar uma solução aceitável".

Esse processo de resposta especial das polícias na busca da solução aceitável foi inicialmente denominado como Gerenciamento de Crises, que para Souza (1995) é o "processo de identificar, obter e

---

9. Wanderlei Mascarenhas de Souza é Coronel da Polícia Militar do Estado de São Paulo, atualmente na reserva, fundador do Grupo de Ações Táticas Especiais (GATE) e com grandes contribuições na área de Gerenciamento de Crises.

aplicar os recursos necessários à antecipação, prevenção e resolução de uma crise".

Buscando a atualização da ciência policial, considerando-se o que existe de mais moderno no mundo, será abordado o sistema conhecido como gerenciamento de incidentes norte-americano, que introduz termos relativamente novos à realidade nacional.

A principal inovação consiste na responsabilidade de ação, entretanto, mesmo considerando que, de fato, a prevenção permanecerá com o Estado por uma questão legal no dever de agir, Organizações Não Governamentais (ONGs) e até mesmo o setor privado terão participação direta dentro do novo sistema.

Neste diapasão, a *Federal Emergency Management Agency* (FEMA)[10] define incidente como "uma ocorrência, natural ou de causas humanas que necessita de uma resposta para proteger a vida ou a propriedade". Inclui-se, nesta definição, qualquer evento que denote possiblidade de perigo de lesão à vida ou ao patrimônio, mesmo que se trate de um evento programado, ou ainda, qualquer tipo de desastre.

Convém alertar que mesmo que ocorra uma quebra da ordem em tais eventos, caso sejam acompanhados e tratados em suas fases iniciais, não culminarão num incidente crítico, que, segundo Racorti (2019) é "qualquer incidente em que a eficácia da resposta policial possa ter um impacto significativo na confiança da vítima, de sua família e/ou da comunidade".

Ainda, conforme Racorti (2020), existem quatro espécies de incidentes críticos:

a) desastres naturais como terremotos, furacões, tornados, nevasca etc.;

b) desastres mecânicos, como descarrilamento ferroviário ou quedas de aeronaves;

---

10. Traduzida como "Agência Federal de Gerenciamento de Emergências", é uma agência norte-americana responsável por auxiliar as pessoas, antes, durante e depois de desastres.

c) incidentes críticos de conflito; e

d) incidentes com agentes químicos, biológicos, radiológicos, nucleares (QBRN).

Neste trabalho, nos concentraremos nos incidentes críticos de conflito, que são aqueles em que há ação volitiva de um agente humano, quer seja submetido por vontade e raciocínio próprio ou por doenças e perturbações mentais. Os exemplos incluem atiradores barricados, tomadores de reféns, criminosos em fuga, ações de quadrilhas organizadas e articuladas ultraviolentas, entre outros. Por essa razão, tais incidentes também podem ser denominados como incidentes policiais.

Os incidentes críticos de conflito (ou policiais) podem ser classificados de acordo com o tempo e abrangência geográfica. Quanto ao tempo, dividem-se em planejados e emergenciais; quanto à abrangência, podem ser estáticos ou dinâmicos.

Essa classificação pode ter sua origem atribuída ao estudado incidente no Colégio Columbine, que trouxe significativas mudanças nas Táticas, Técnicas e Procedimentos (TTP) adotados pelas polícias do mundo todo até os dias atuais.

Fonte: os autores.

Por definição, podemos tratar de incidentes críticos de conflito estáticos como eventos que se limitam a um espaço geográfico determinado, que, por sua natureza, permitem a adoção das medidas iniciais de contenção e isolamento pela primeira força policial interventora, admitindo o acionamento das unidades especializadas sem que haja a necessidade de implementação imediata de uma alternativa tática para a sua solução.

No início da década de 1990, o FBI disseminou uma doutrina generalista de Gerenciamento de Crises. Nos documentos produzidos pelo Departamento, a realidade policial foi arduamente explorada, explicando minúcias sobre providências a serem adotadas no cenário da ocorrência.

Majoritariamente, os estudos de Gerenciamento de Crises direcionavam a atividade policial para a seguinte atuação: "Chegue ao local, faça a contenção, realize o isolamento e aguarde apoio especializado". Tais abordagens eram eficientes e eficazes às crises estáticas, como tomada de reféns e marginais embarricados — cenários comuns à época.

As providências adotadas baseavam-se em não permitir que a crise se alastrasse, por meio da contenção, e impedir a influência de elementos externos aos especialistas, por meio do isolamento. Além disso, contavam com operadores que compunham um conjunto de alternativas táticas: negociação, técnicas não letais, tiro de comprometimento e invasão tática.

Contudo, como foi visto no massacre de Columbine, passou-se a observar uma atitude diversa da que se via nas ocorrências de tomada de reféns, em que os tomadores os utilizavam como moeda de troca ou garantia da própria vida. Nesse novo tipo de incidente, o dinamismo e a constante evolução das consequências inviabilizavam medidas de contenção, sendo o único objetivo dos causadores realizar a maior quantidade de homicídios possível.

Blair *et al.* (2013) ensinam que, após a resolução do incidente de uma forma inaceitável, as agências policiais passaram a concordar que:

a) alguns incidentes críticos não podiam aguardar a chegada da SWAT;

b) policiais de patrulha necessitavam de treinamento tático para atuar em incidentes críticos dinâmicos, como o de atirador ativo;

c) primeiros interventores deveriam ser empoderados por meio de treinamento, políticas, procedimentos e equipamentos, para efetivamente responder e parar um atirador ativo.

No massacre de Columbine ficou evidenciada a grande importância da figura do policial primeiro interventor, que não deveria mais proceder às medidas iniciais de contenção e isolamento para, em seguida, aguardar a chegada de equipes táticas que realizariam a resposta propriamente dita. Diante disso, os protocolos das diversas agências policiais dos EUA mudaram drasticamente. Agora, os policiais que primeiro chegassem ao local deveriam impedir o assassinato de pessoas inocentes, o que requeria que rapidamente se aproximassem da cena do ataque e confrontassem o atirador.

Portanto, incidentes críticos de conflito dinâmicos podem ser descritos como aqueles cujos impactos não se limitam a um espaço geográfico determinado, em razão da sua natureza. Os atores envolvidos encontram-se em movimento, tornando difícil a adoção das medidas iniciais de contenção e isolamento, exigindo uma resposta imediata da primeira força policial interventora, a fim de alcançar a cessação dos seus efeitos e, posteriormente, o acionamento das demais ações do Estado e de outras organizações.

O incidente dinâmico pode se modificar para um incidente estático e o inverso também pode ocorrer. Diante disso, todo o sistema responsivo deve conhecer as providências e os protocolos de ação, atuando de forma célere e aproveitando da melhor forma possível os recursos disponíveis.

Não obstante toda evolução da doutrina de gerenciamento de incidentes, verifica-se que esta ocorreu principalmente em torno da atuação estatal, mormente a de órgãos com atribuição de polícia.

Contudo, em 11 de setembro de 2001, dezenove terroristas sequestraram quatro aviões comerciais de passageiros. Dois destes aviões foram utilizados para colidir intencionalmente contra as torres do complexo empresarial do *World Trade Center*, na cidade de Nova Iorque nos EUA. O terceiro avião foi utilizado para atingir o Pentágono, enquanto o quarto caiu em uma área despovoada, depois de alguns de seus passageiros e tripulantes terem lutado para restabelecer o controle da aeronave. De todo o ataque houve quase três mil mortes.

Nas medidas de resposta ao evento participaram diversas agências governamentais, e, com esse cenário caótico, foram necessários o compartilhamento de informações, a comunicação integrada e a unidade de esforços.

Diante das dificuldades verificadas quando do gerenciamento do atentado, em 2003 foi editada a *Homeland Security Presidential Directive 5* (HSPD-5)[11], cujo propósito principal foi criar um sistema de gerenciamento de incidentes que abrangesse toda a nação.

Desta diretiva foi gerado o *National Incident Management System* (NIMS)[12], em março de 2004, que é um acrônimo iniciado pela palavra *National*, ou seja, um sistema que abrange todo o território estadunidense e justamente por isso busca oferecer um ambiente apto para que várias organizações de gerenciamento de incidentes e de apoio possam trabalhar conjuntamente. Para viabilizar a participação do máximo de atores possíveis e evitar desperdícios de tempo e recursos, o sistema respeita o princípio da terminologia comum.

11. Traduzida como "Diretiva Presidencial de Segurança Doméstica – Cinco".
12. Traduzido como "Sistema Nacional de Gerenciamento de Incidentes".

O NIMS já passou por adequações e está em sua terceira versão. Da mesma forma, está passível de novas atualizações com base na experiência das pessoas envolvidas em um incidente.

O que não deve mudar é o objetivo central do Sistema: proteção aos direitos fundamentais em seu maior espectro preventivo, por meio de adequada integração e unidade de esforço entre as diversas agências, com a finalidade de gerenciar incidentes com menor risco e maior eficiência e eficácia possível, garantindo-se objetivos comuns sem supressão da autoridade dos diversos órgãos envolvidos.

Os objetivos sempre serão os mesmos, a supremacia do interesse público e sua indisponibilidade, buscando-se a proteção antes mesmos de serem lesados, por meio de análise de ameaças emergentes e futuras.

Em suma, o NIMS orienta todos os níveis de governo, organizações não governamentais e o setor privado a trabalharem em conjunto para prevenir, proteger, mitigar, responder e se recuperar de incidentes. O Sistema também expressa certa flexibilidade por entender que os incidentes são mutáveis e cada qual pode ter características singulares. Por esse motivo é aplicável a eventos de diferentes proporções, localizações, complexidades, entre outros fatores.

Trata-se, pois, de uma abordagem sistêmica para gestão de incidentes, com princípios bem definidos e essenciais para que forneça uma imagem operacional comum, interoperabilidade das comunicações e padronização de métodos e estruturas organizacionais, facilitando a coesão entre diferentes circunscrições e organizações.

2.1 Princípios do NIMS

Os princípios são aqueles que darão suporte à aplicação do NIMS e são de imprescindível observação. Graças aos princípios é que foi possível a evolução e correta aplicação, em âmbito nacional, de todo o sistema. Vejamos:

a) **Flexibilidade**: a estrutura organizacional e metodologia do NIMS permitem encaixe para todos os tipos de incidentes, dos mais simples aos mais complexos. Independentemente da natureza, são adaptáveis a qualquer situação, desde eventos especiais planejados até incidentes locais de rotina a incidentes, envolvendo ajuda mútua interestadual ou assistência federal. Alguns incidentes precisam de coordenação multiagência, multijurisdicional ou multidisciplinar. A flexibilidade permite que o NIMS seja escalável e, portanto, aplicável para incidentes que variam amplamente em termos de risco, geografia, demografia, clima, cultura e autoridades organizacionais.

b) **Padronização**: a padronização de métodos, estruturas e termos permite a interoperabilidade da força responsiva entre várias agências envolvidas, não havendo perda de tempo em desencontros doutrinários ou terminológicos quando vidas estão em jogo. Assim, a padronização é essencial para a interoperabilidade entre organizações múltiplas na resposta a incidentes. O NIMS define estruturas organizacionais padrão que melhoram a integração e conectividade entre jurisdições e organizações. O NIMS define práticas padrão, que permitem que os responsáveis trabalhem em conjunto de forma eficaz, e promova assim a coesão entre as várias organizações envolvidas. O NIMS também inclui terminologia comum, que permite uma comunicação eficaz.

c) **Unidade de Esforço**: descreve a convergência de esforços, a fim de atingir a intenção do Comandante do Incidente mensurada a partir dos objetivos e do estado final desejado da missão, ou seja, todos buscam um objetivo comum identificado pelo comandante do que precisa ser feito. Unidade de esforço significa coordenar atividades entre várias organizações para alcançar objetivos comuns. A unidade de esforço permite que as organizações com responsabilidades jurisdicionais específicas se apoiem mutuamente enquanto mantêm suas próprias autoridades.

Entende-se que as organizações envolvidas no gerenciamento de incidentes variam em suas autoridades, estruturas, em sua capacidade de comunicação, nos protocolos, procedimentos, entre outros fatores. A ideia central do NIMS é fornecer um quadro comum padronizado para integrar as diversas capacidades envolvidas com o propósito de encontrar objetivos, metas, métricas e indicadores comuns, sendo certo que o NIMS é composto de 14 características para sua aplicação.

2.2 Características de gerenciamento do NIMS

As seguintes características são a base do comando e da coordenação de incidentes no âmbito do NIMS e contribuem para a força e eficiência do sistema geral:

- Terminologia Comum
- Estabelecimento e Transferência de Comando
- Organização Modular
- Comando Unificado
- Gerenciamento por Objetivos
- Cadeia de Comando e Unidade de Comando
- Planejamento de Ação de Incidentes
- Responsabilidade
- Alcance de Controle Manejável
- Despacho / Implantação
- Instalações e Locais de Intervenção

- Gerenciamento Integral de Recursos
- Comunicações Integradas
- Gerenciamento de informações e inteligência

As características buscam combinar as pessoas, os recursos, equipamentos, procedimentos e a comunicação envolvidos no cenário organizacional. Dessa maneira, pode ser utilizado para organizar operações e incidentes críticos pequenos ou grandes, curtos ou longos, naturais ou provocados por ação humana.

A estruturação do NIMS facilita atividades que, muitas vezes, parecem divorciadas da ação policial, como: comando, operações, planejamento, logística/finanças e administração.

O objetivo precípuo do NIMS, no caso a preparação nacional, foi reduzido a um documento à parte denominado *National Preparedness Goal* (NPG)[13], que organiza todo o sistema de preparação dos EUA, dividindo a responsabilidade de atuação em cinco áreas de missão, que por sua vez são subdivididas em capacidades centrais, que devem ser compartilhadas entre toda a comunidade.

As áreas de missão oferecem uma visão não linear de um incidente crítico e são apresentadas no NPG da seguinte forma:

- **Prevenindo**, evitando ou parando uma ameaça terrorista ou um ato de terrorismo.
- **Protegendo** os cidadãos, residentes, visitantes, ativos, sistemas, e as redes de dados contra as maiores ameaças e os perigos de uma forma que permita seus interesses, aspirações, e o modo de vida floresça.
- **Mitigando** a perda de vida e propriedade, diminuindo o impacto de futuros desastres.
- **Respondendo** rapidamente para salvar vidas, proteger

13. Traduzido como "Objetivo Nacional de Preparação", é um documento produzido pela agência norte-americana FEMA, no qual há um planejamento para que toda a comunidade esteja preparada para todo tipo de desastre e emergência.

a propriedade e o ambiente, e encontrar as necessidades humanas básicas após um incidente.

- **Recuperando** por meio do foco na restauração oportuna, no fortalecimento e na revitalização da infraestrutura, habitação e economia, bem como do tecido sanitário, social, cultural, histórico e ambiental das comunidades afetadas por um incidente.

Essas áreas de missão servem como norte para a organização das atividades de preparação dos EUA, possibilitando integração e coordenação através das capacidades centrais. As áreas de missão são inter-relacionadas e necessitam de colaboração para que sejam efetivas, assim como as capacidades centrais, que são essenciais para a execução das áreas de missão e exigem esforços combinados de toda a comunidade.

Abaixo encontra-se ilustrado o NPG dos EUA, com as áreas de missão desdobradas em capacidades centrais.

Prevenção	Proteção	Mitigação	Resposta	Recuperação
Planejamento				
Informação e Aviso Público				
Coordenação Operacional				
Inteligência e Compartilhamento de Informações		Resiliência da Comunidade	Sistemas de Infraestrutura	
Interdição e Interrupção		Redução da Vulnerabilidade a Longo-termo	Transporte Crítico Resposta Ambiental / Saúde e Segurança	Recuperação Econômica
Triagem, Pesquisa e Detecção				
Forense e Atribuição	Controle de Acesso e Verificação de Identidade	Avaliação de Resiliência a Riscos e Desastres	Serviços de Gerenciamento de Fatalidade	Serviços de Saúde e Sociais
	Segurança Cibernética	Identificação de Perigos e Ameaças	Gerenciamento e Supressão de Incêndio	Habitação
	Medidas de Proteção Física		Gerenciamento de Logística e Cadeia de Suprimentos	Recursos Naturais e Culturais
	Gestão de Risco para Programas de Proteção e Atividades		Serviços de Cuidados em Massa	
			Operações de Busca e Resgate em Massa	
	Cadeia de suprimentos Integridade e Segurança		Segurança no Local, Proteção, e Aplicação da Lei	
			Comunicação Operacional	
			Serviços Médicos de Saúde Pública, Cuidados e Emergência	
			Avaliação Situacional	

Fonte: *Department of Homeland Security*[14] (2015, tradução nossa).

Passaremos então a uma análise de cada uma dessas áreas de missão, porém, considerando-se sua aplicação em um contexto de ataque ativo.

---

14. Traduzido como "Departamento de Segurança Interna", é um departamento norte-americano que abriga muitas agências destinadas ao combate ao terrorismo, à proteção de fronteiras e aduanas, segurança digital e prevenção a desastres.

2.3 Áreas de missão do NPG

É importante a compreensão de que estas fases não são estanques, tampouco lineares. Didaticamente será apresentada uma ilustração para facilitar a compreensão do funcionamento das fases.

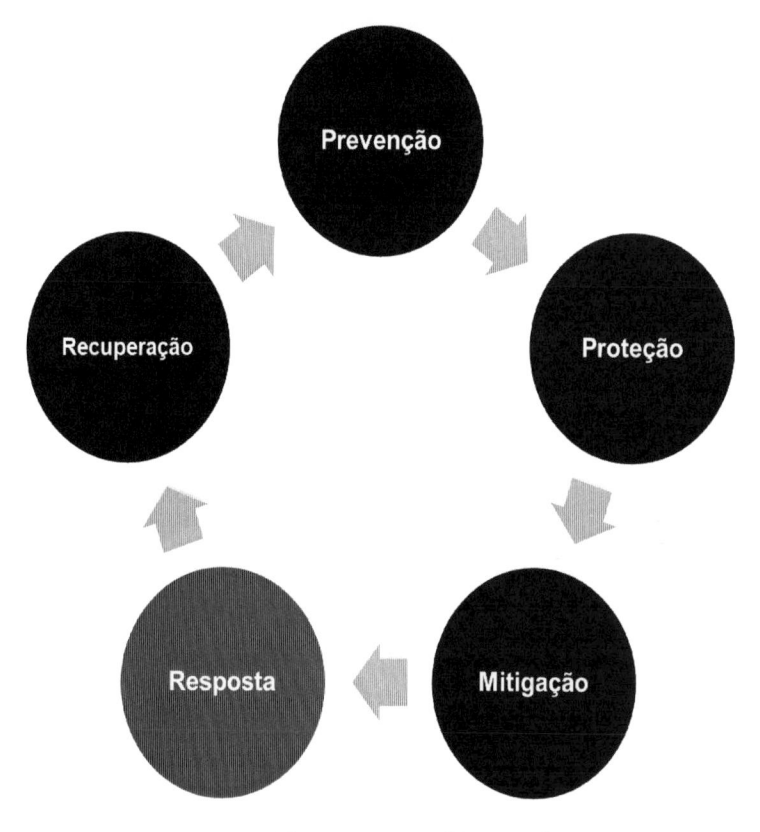

Fonte: os autores (2023).

As fases são imediatamente conectadas com a anterior e a subsequente, criando um ciclo. Algumas tarefas são comuns a mais de uma área de missão, tal como o planejamento e a coordenação operacional, que devem ser realizados em todas as fases.

Portanto, podemos verificar que, idealmente, quando do término da etapa de recuperação de um incidente, automaticamente deveria se iniciar a etapa de prevenção de um novo incidente em potencial.

Prevenção

A prevenção inclui as capacidades necessárias para evitar, prevenir ou impedir um ataque iminente. Essas capacidades traduzidas em ações preventivas podem incluir, mas não estão limitadas a:

- Orientação e educação à população sobre como identificar comportamentos suspeitos;
- Criação de um canal de denúncias, simples e eficiente, entre a população e o poder público, para que assim possam reportar comportamentos suspeitos;
- Compartilhamento de informações entre os diversos órgãos de inteligência e policiais;
- Realização de operações policiais preventivas destinadas a impedir um ataque iminente;
- Elaboração de relatórios de ação pós-evento de estudo de caso.

Alguns exemplos de comportamentos suspeitos facilmente identificáveis são o abandono de objetos como malas e caixas em locais públicos, que podem consistir em um explosivo, ou uma pessoa com volumes ocultos sob as vestes de forma incompatível, que pode ser um armamento.

Já o FBI (2019), para facilitar o processo de análise comportamental, elenca alguns comportamentos ameaçadores, que podem consistir em:

a) Qualquer violência física contra uma pessoa ou instituição;
b) Ameaças diretas ou indiretas de violência;
c) Qualquer ato ou gesto que possa ser interpretado por uma

pessoa crível como ameaçador, tais como intimidação física ou verbal, feito com a intenção de causar medo;

d) Comportamento incomum ou bizarro que faria uma pessoa crível temer por sua integridade física devido à sua natureza e severidade como: perseguição, abuso de substâncias ilegais, fixação com homicídios em massa, armas ou violência em geral, ou fixação com grupos de ódio, terroristas ou material extremista; e

e) Quaisquer comentários ou comportamentos que indiquem tendência ao suicídio.

Verifica-se então que um indivíduo com potencial propensão à violência pode exibir diversos comportamentos que permitem uma atuação precoce das autoridades.

Sobre isso, ensina Andrade (2023) que uma atuação preventiva, direcionada a uma pessoa que esteja suscetível a cometer um ataque, permite que ela seja direcionada a uma ajuda profissional que a auxilie a desconstruir suas justificativas morais e a leve a concluir que a violência não é a única resposta para a sua animosidade.

Ainda, um estudo de Vossekuil *et al.* (2004) demonstra que, em 81% dos casos de ataques em escolas, o atacante contou antecipadamente para ao menos uma pessoa sobre o seu ato. E, em 59% dos casos, ao menos duas outras pessoas tinham alguma informação do evento antes de ele ser cometido. Daí a importância do compartilhamento de informações entre os órgãos, por mais irrelevantes que possam parecer.

Há diversas evidências de atuações bem-sucedidas na fase de prevenção a incidentes críticos de ataque ativo no Brasil, nos quais, por meio do compartilhamento de informações entre os órgãos de segurança, os policiais conseguiram detectar comportamentos suspeitos na fase preparatória e impedir sua continuidade, e em outros conseguiram interromper um ataque iminente.

Por fim, outra ferramenta preventiva de grande valor são os relatórios de ação pós-evento, estudo de caso, dentre outras denominações, que são documentos destinados a avaliar, de forma pormenorizada, um incidente crítico, avaliando sua natureza, gravidade, as circunstâncias e a resposta na busca de sua resolução.

Apesar de a resolução satisfatória do incidente crítico ser o principal objetivo a ser alcançado, não é o último, uma vez que os mecanismos de debates para criação do estudo de caso devem estar presentes, gerando conhecimento e experiência para futuras gerações, focados em treinamento e educação, demonstrando às novas gerações as formas de êxito e as falhas que ocorreram por inexperiência e que não devem ser repetidas (RACORTI, 2019).

Proteção

Nesta etapa, estão inclusas as capacidades necessárias para defender e proteger as pessoas de um atacante ativo, tais como o controle de acessos, a verificação de identidades e as medidas de proteção física.

Os responsáveis pelos locais que consistem em alvos fáceis são também encarregados de proteger de riscos previsíveis as pessoas que trabalham ou frequentam esses recintos, e para isso precisam entender os perigos que envolvem sua atividade e orientar seus funcionários sobre como detectarem riscos e se comportarem em caso de ataques.

Um atacante em potencial buscará um local em que consiga produzir a maior quantidade de vítimas possível com relativa facilidade, e os locais propícios a este desígnio são denominados como *soft targets*[15], por terem um grande fluxo de frequentadores e medidas de segurança limitadas.

---

15. Traduzido como alvos frágeis. Podemos citar como exemplos templos, escolas e locais abertos ao público.

Algumas providências simples de reforço territorial podem tornar os locais menos atrativos à prática de delitos. Esse processo é conhecido como *target hardening*[16]. Como exemplo de algumas dessas simples medidas físicas podemos citar a instalação de:

- Objetos que controlem o acesso a determinado local como catracas, portas, portões, muros e cercas;
- Instrumentos que permitam a identificação dos frequentadores, como interfones, câmeras de segurança;
- Equipamentos de segurança como sensores de presença, alarmes e cerca eletrificada.

Mitigação

Nas medidas de mitigação, são enumeradas as ações de redução de perda de vidas por meio da diminuição da intensidade do impacto de um ataque, tais como o treinamento de resposta da população e o preparo da polícia para intervirem no incidente.

Essa fase requer uma compreensão das ameaças e dos perigos que nortearão a avaliação de riscos e o aumento da resiliência da população a desastres. A preparação de todos os atores envolvidos é fundamental para o sucesso.

Importante é que o público saiba como se comportar numa situação de ataque, havendo para tal finalidade protocolos específicos recomendados por agências de segurança dos EUA, que serão explicados em capítulo próprio.

Quanto à preparação das forças policiais para atuar nesse tipo de incidente, uma vez que se espera um aumento nas responsabilidades do Primeiro Interventor, sua preparação deve contemplar no mínimo as seguintes ações:

---

16. Traduzido como endurecimento do alvo.

a) Respaldo normativo e legal para atuar;

b) Investimento em sua formação e aperfeiçoamento técnico e tático; e

c) Dotação de equipamentos e armamentos apropriados.

No que tange ao treinamento policial para esse tipo de incidente, os EUA adotam o modelo desenvolvido pela ALERRT. Nesse sentido, recomenda-se que as polícias sigam um treinamento apto a proporcionar aos Profissionais de Segurança Pública conhecimentos e competências para atuarem na fase de resposta por meio dos seguintes assuntos:

a) Estudo do histórico dos incidentes críticos que ensejaram na evolução da resposta policial;

b) Análise dos dados estatísticos a respeito desse tipo de incidente de forma que demonstrem o seu padrão de ocorrência;

c) NIMS e seu objetivo compartilhado de medidas de prevenção, proteção, mitigação, resposta e recuperação de um incidente policial crítico;

d) Sistemas de gerenciamento dos incidentes policiais críticos estáticos e dinâmicos; e

e) Treinamento de disciplina tática e segurança com armamento da equipe de policiais com observância aos conceitos e princípios da resposta de ataque ativo.

Resposta

Alguns poucos incidentes de ataque ativo são eventos relativamente espontâneos sem muita premeditação, tais como os casos em que um indivíduo é acometido por um surto psicótico, mas a grande maioria é composta por ataques complexos e bem planejados.

Muitos sequestradores, por exemplo, veem valor em manter

seus reféns vivos para serem trocados por algo que desejam. Ora, isso dá aos policiais tempo para tentar acalmar a situação e pedir mais ajuda. Em contraste, os ataques ativos não dão valor à vida humana, apenas à emoção que sentem ao tomá-la.

Atacantes ativos em eventos anteriores foram motivados por uma ampla gama de fatores, do terrorismo à vingança. Uma coisa que a maioria dos atiradores ativos, independentemente de sua motivação, tem em comum é que, durante o ataque, agem como assassinos de sangue frio em um estado mental alterado, que permite que eles matem violentamente crianças e vítimas de perto, sem o senso de compaixão inato à maioria dos seres humanos. Nesse estado mental alterado, são extremamente perigosos. Muitas vezes, eles mesmos já aceitaram a própria morte e pretendem levar consigo o maior número possível de pessoas.

Os policiais precisam ser bem treinados e mentalmente preparados para enfrentar atacantes instáveis e hiperviolentos. Para alguns ataques ativos, a data do ataque é o clímax após semanas, meses ou anos de planejamento e preparação.

Essa categoria de invasor provavelmente terá incluído a resposta das forças policiais em seu plano de ataque. Eles estarão intimamente familiarizados com o local do ataque e saberão como usar o ambiente para obter vantagem tática sobre os policiais. Os responsáveis dos órgãos de segurança nunca devem subestimar a capacidade de um atacante ativo de usar táticas eficazes e poder de fogo contra eles.

Por isso, a resposta policial há de ser imediata para impedir a matança, eliminando rapidamente a capacidade de o atacante ferir outras pessoas. O policial faz parte de um pequeno grupo de indivíduos que possui treinamento e ferramentas necessárias para interromper essa ação. É imperativo que ele aceite essa responsabilidade e permaneça focado nessa tarefa-chave até que ela seja concluída. Isso significa que o policial pode ter de contornar indivíduos gravemente feridos enquanto estiver no mesmo lugar que o atirador.

Nesses casos, o policial pode dar palavras de encorajamento e deixar suprimentos médicos ao passar. Contudo, parar ou diminuir a velocidade para fornecer ajuda médica aos feridos, dará ao autor do ataque ativo mais tempo para matar e ferir gravemente outras pessoas em outros lugares. Pensando desse modo, se o agente da lei parar e levar 20 segundos para colocar um torniquete, poderá ter salvado uma vida, mas, nesses mesmos 20 segundos, o atirador irá, por certo, facilmente, atirar em mais 20 novas vítimas.

Além disso, se o policial colocar sua arma no coldre para aplicar um torniquete e, ao fazê-lo, for emboscado e incapacitado, o atacante permanecerá foragido para continuar matando à vontade, e nenhuma das vítimas feridas receberá cuidados médicos salva-vidas até que outra pessoa chegue e detenha a ameaça. A "prioridade número um" para os policiais que chegam a um incidente de ataque ativo é parar a matança. E isso se faz isolando, distraindo e neutralizando a ameaça.

Depois que os Primeiros Interventores tiverem cumprido sua "prioridade número um", eles devem fazer a transição imediatamente para a "prioridade número dois", *stop the dying*. Com efeito, parar a morte é conseguido fornecendo cuidados médicos imediatos para salvar vidas dentro do local do ataque, criando rapidamente um corredor seguro e transportando os indivíduos mais gravemente feridos para um local protegido, onde possam, sem demora, receber cuidados médicos avançados.

Considerando-se a complexidade da resposta policial nesse tipo de incidente, seu estudo será realizado de forma mais detalhada no sexto capítulo deste livro, sob a perspectiva dos dois policiais que estão em contato direto com as vítimas — a equipe de contato e o atendente de emergência.

Recuperação

Encerrada a etapa de resposta, o processo de recuperação em curto prazo deve se iniciar imediatamente. Seu objetivo, segundo o *Department of Homeland Security* (DHS)[17] (2017), é restabelecer a segurança e mitigar os impactos físicos, psicológicos e emocionais do incidente.

Os esforços devem ser voltados a atender às necessidades básicas imediatas dos envolvidos. Daí, um local para reunião das pessoas e de seus familiares deve ser providenciado. De preferência, afastado do posto de comando e do local reservado à mídia.

Os policiais que atuam devem ser orientados reiteradamente sobre resiliência e a forma correta de lidar com as vítimas, porque, não obstante uma impecável atuação policial, muitos familiares podem estar com sentimento de revolta, buscando responsáveis pela tragédia. Os sentimentos de revolta, quando direcionados à Polícia, podem consistir em críticas quanto à ineficiência na prevenção, a demora na resposta ou no emprego de medidas de gerenciamento de incidentes estáticos. (ANDRADE, 2023).

Lankford e Madfis (2017) elencaram as principais consequências da cobertura midiática de atiradores ativos:

A cobertura midiática dá aos atacantes o que eles desejam, pois os fazem famosos e propicia um claro incentivo a futuros atacantes em potencial, como, por exemplo, os atiradores de Columbine fantasiavam sobre a atenção que receberiam e acreditavam que filmes seriam feitos sobre a sua vida, o que realmente ocorreu. Ela aumenta a competição entre potenciais atacantes para serem mais letais. Isso porque os atiradores que buscam fama tendem a ser os mais letais, e parecem inclusive explorar com precisão padrões previsíveis no comportamento da mídia.

---

17. Traduzido como "Departamento de Segurança Interna", é um departamento norte-americano que abriga muitas agências destinadas ao combate ao terrorismo, à proteção de fronteiras e aduanas, segurança digital e prevenção a desastres.

Logo, a notoriedade dada aos atiradores ativos leva aos efeitos de contágio[18] e imitação[19], pois, no contexto da análise comportamental, tanto os efeitos de contágio quanto os de imitação se referem às formas que algumas pessoas expostas a um determinado comportamento podem se tornar mais propensas a se comportar da mesma forma.

Como proposta para evitar essas consequências, o autor sugere que, após a ocorrência de um incidente de atacante ativo (LANKFORD; MADFIS, 2017):

a) Não seja pronunciado o nome do atacante;

b) Não sejam exibidas fotos do atacante;

c) Cessem-se a utilização de fotos de atacantes pretéritos; e

d) Não sejam divulgadas outras informações sobre os crimes.

---

18. A expressão efeitos de contágio se refere à noção de que os comportamentos podem se espalhar como uma epidemia, incentivando a sua prática a curto e médio prazo. Dentro deste estudo, verifica-se no efeito de contágio uma espécie de competição entre os atacantes na busca por um maior número de vítimas para uma consequente maior exposição midiática.

19. A nomenclatura efeitos de imitação diz respeito à reprodução de um padrão de comportamento. No contexto de ataques ativos verifica-se um sentimento de admiração por parte de potenciais atacantes por outros que realizaram ataques pretéritos.

"

A existência de polícias pelo mundo demonstra a sua importância em uma sociedade organizada, pois visa a garantir a boa convivência das pessoas.

Capítulo 3

Ataques ativos: Conceitos e análise do fenômeno

Imagem da câmera corporal do policial Rex Engelbert (tornada pública pelo Departamento de Polícia Metropolitana de Nashville, 2023).

Desde o fatídico evento ocorrido na Escola Columbine, em 20 de abril de 1999, a sociedade e as forças policiais passaram a conviver com um tipo diferente de incidente crítico envolvendo pessoas. Nele, os seus causadores não mais buscavam fazer reféns, mas produzir o maior número possível de vítimas fatais.

Como foi visto, as respostas policiais que eram voltadas à resolução de tomadas de reféns se baseavam na realização de um cerco por parte dos policiais de patrulha, para posterior atuação de equipes policiais especializadas, o que não se mostrou adequado a este novo tipo de incidente.

Inicialmente os causadores de tais ataques foram denominados como "atiradores ativos", pois geralmente utilizavam armas de fogo para realizá-los. Esse termo apareceu pela primeira vez com seu significado atual no jornal *Denver Post,* de abril de 1999, após o Massacre de Columbine. Até ali, o termo referia-se a atiradores esportivos ou recreativos que tinham grande assiduidade em seus treinamentos.

Desde então, muitos autores divergem do termo, pois não seria suficientemente descritivo, propondo, portanto, uma variedade de termos novos; contudo, o termo "atirador ativo" ganhou o seu lugar no vernáculo americano.

Devido à multiplicidade de armamento e ameaças que podem ser utilizadas pelo causador de um ataque, o ALERRT promoveu a evolução e emprego do termo ataque ativo em substituição a atirador ativo, que, segundo ensina, ocorre "quando um ou mais indivíduos tentam ativamente matar o maior número de pessoas aleatoriamente em um espaço público. Esses eventos incluem ataques com veículos, facas e quaisquer outras situações em que a preocupação primária é uma tentativa de homicídio em massa[20]".

Neste capítulo será realizada uma análise dos incidentes críticos de ataque ativo ocorridos nos EUA e no Brasil, com estatísticas atualizadas obtidas por Andrade (2023)[21].

3.1 Análise dos incidentes ocorridos nos Estados Unidos

Os EUA são o país com maior incidência de ataques ativos no mundo, e conta, por isso, com várias agências dedicadas a estudar o fenômeno. Contudo, a multiplicidade de órgãos e as diferenças na

20. Homicídio no qual três ou mais pessoas são mortas num mesmo evento. (INVESTIGATIVE ASSISTANCE FOR VIOLENT CRIMES ACT OF 2012).
21. Esta e outras pesquisas foram extraídas de dissertação produzida no âmbito do Programa de Mestrado Profissional em Ciências Policiais de Segurança e Ordem Pública, do Centro de Altos Estudos de Segurança da Polícia Militar do Estado de São Paulo. (ANDRADE, 2023).

conceituação empregada por cada um deles ocasionam certa discrepância nos dados divulgados. E mais: dada a grande quantidade de armas de fogo em circulação nos EUA, o evento é estudado basicamente pelas agências apenas sob o prisma do ataque realizado pelo chamado atirador ativo.

Fazendo uma delimitação do tema, optou-se pela compilação das análises realizadas pela conhecida agência de investigação dos EUA, o FBI. Ela define atirador ativo como:

> "Um ou mais indivíduos ativamente engajados em matar um número de pessoas em uma área povoada. Está implícito na definição o uso de armas de fogo pelo atirador. O aspecto ativo da definição, de modo inerente, implica a natureza dinâmica desses incidentes, e, assim, o potencial de a resposta afetar o resultado".

Foram compilados os dados dos seguintes documentos produzidos pelo FBI, que englobam o período de 2000 a 2022:

- Revisão de 20 anos de incidentes de atirador ativo ocorridos, nos EUA, de 2000 a 2019, publicada em maio de 2021;
- Análise dos casos de atirador ativo ocorridos nos EUA em 2020, publicada em julho de 2021;
- Análise dos casos de atirador ativo ocorridos nos EUA em 2021, publicada em maio de 2022;
- Análise dos casos de atirador ativo ocorridos nos EUA em 2022, publicada em abril de 2023.

No período estudado, os EUA tiveram 484 incidentes envolvendo atirador ativo. Destes, 165 podem ser considerados como homicídio em massa (três ou mais mortes num mesmo evento).

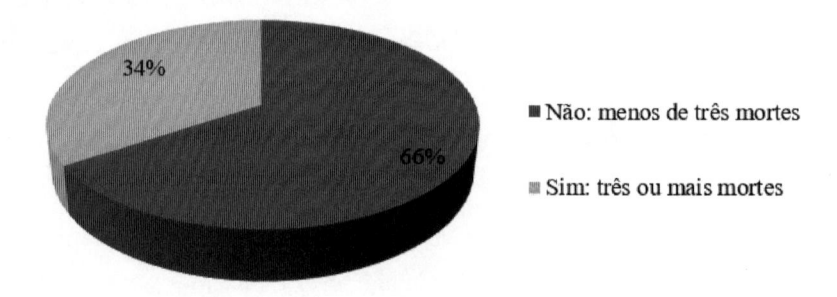

Fonte: Andrade (2023).

Os incidentes foram praticados em 12 tipos diferentes de localidade, sendo prevalente a sua incidência nos locais chamados de alvos fáceis, tais como comércios e outros espaços abertos ao grande público.

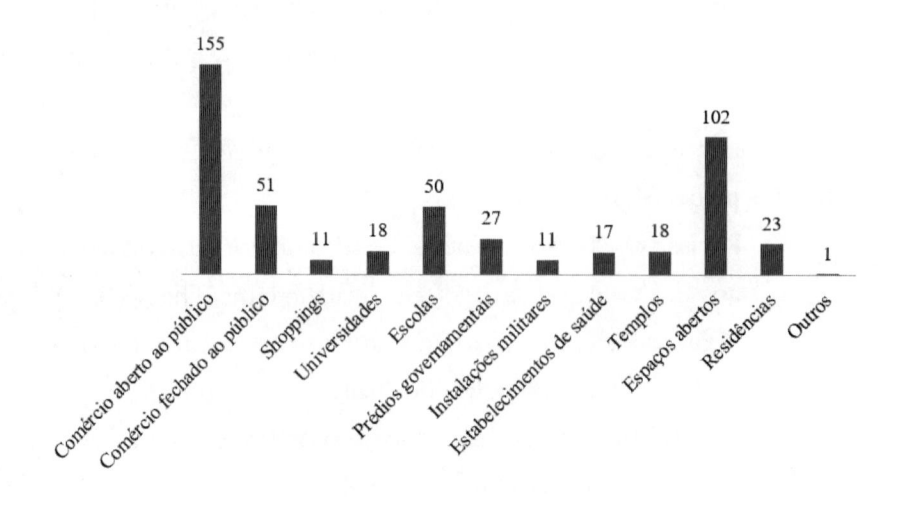

Fonte: Andrade (2023).

Foram vitimadas 3.571 pessoas, sendo 1.303 fatalmente, verificando-se um gradual incremento dos ataques ativos ao longo da última década.

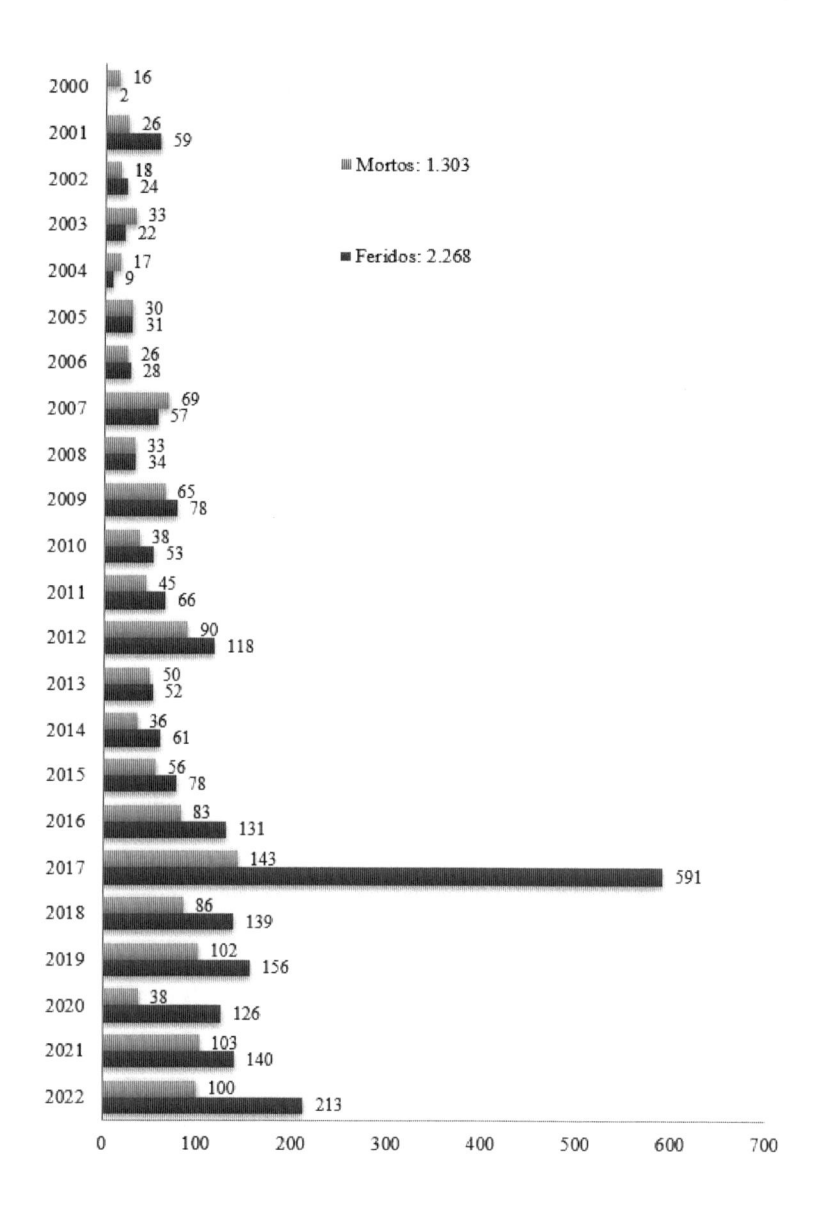

Fonte: Andrade (2023).

Quanto à forma de resolução do incidente, 233 foram presos pela polícia; 146 cometeram suicídio; 92 foram mortos em confronto com a polícia; 12 foram mortos em confronto com civis; 14 se evadiram do local do ataque; e um morreu em um acidente de carro.

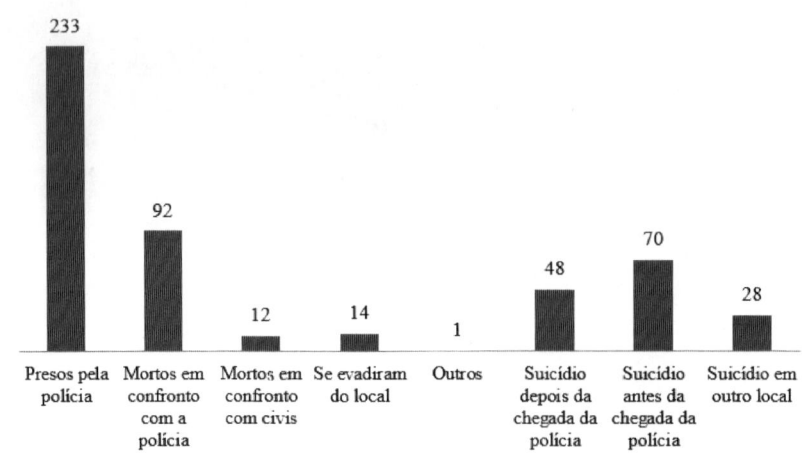

Fonte: Andrade (2023).

3.2 Análise dos incidentes ocorridos no Brasil

Já o Brasil, felizmente, possui uma quantidade muito menor de casos quando comparado aos EUA. Aqui, Andrade (2023), baseando-se em pesquisa de fontes abertas, considera a ocorrência do primeiro caso, em 1999, e chega até os dias atuais.

Para análise dos casos ocorridos no Brasil e o estabelecimento de uma métrica adequada, os autores propõem e adotam como critério de análise o seguinte conceito para ataque ativo:

> "Incidente crítico dinâmico em que um ou mais indivíduos estão **ativamente motivados** a **matar indiscriminadamente** o **maior número possível** de pessoas em determinado local, podendo fazer uso de quaisquer meios à sua disposição." (RACORTI, ANDRADE, 2023a).

Implícitos no conceito estão os seguintes núcleos de sentido:

a) **ativamente motivados**: refere-se à atitude volitiva do atacante, cujo único objetivo é o de buscar a produção de vítimas no local escolhido pelo ataque, não possuindo outros objetivos associados e tampouco se limitando apenas às pessoas com as quais se depara;

b) **matar indiscriminadamente**: refere-se à semialeatoriedade do atacante na seleção de vítimas; por não possuir queixas individuais contra as pessoas que ataca, elas são selecionadas de forma coletiva, pois se encaixam no grupo que escolheu como alvo por entender serem os responsáveis por suas queixas;

c) **maior número possível**: o atacante não encerra o ataque por vontade própria, permanecendo sua ação homicida até que atinja seu objetivo final, perca o acesso às vítimas ou seja neutralizado.

Não foram considerados na métrica, portanto, os seguintes exemplos de ataques:

a) Os que não produziram vítimas, por entendermos que residiram somente no campo da tentativa e falharam na execução;

b) Casos em que se verifica que o atacante possuía um alvo determinado;

c) Ações organizadas por criminosos, como o "novo cangaço" [22];

---

22. Modalidade criminal associada ao cangaço clássico em razão de sua característica de banditismo interiorano, e conhecido como tomada de cidades pelas corporações policiais, praticada mediante organização criminosa com divisão de tarefas entre seus membros; tem por escopo executar roubos a instituições financeiras para o sustento da organização criminal. Nesses crimes, são usados fuzis e submetralhadoras, além do uso de reféns como escudos humanos, geralmente, durante o dia, para afastar a ação policial. O alvo é o cofre do banco ou os caixas eletrônicos, casas lotéricas etc. Quando ocorre à noite, chamado de novo cangaço noturno, são utilizados explosivos para o rompimento de obstáculo a fim de acessarem os valores (FRANÇA, Alpha Bravo Brasil, 2020).

d) Ações coordenadas e articuladas por criminosos, como "domínio das cidades" [23];

e) Violência generalizada relacionada à compra, venda ou ao consumo de entorpecentes; e

f) Casos passionais ocorridos no interior de residências ou estabelecimentos diversos.

Essa diferenciação se faz necessária, pois, em que pesem alguns desses eventos terem potencial de produzir uma grande quantidade de vítimas, este não é o seu objetivo principal, nem tampouco sua única finalidade, tal qual ocorre num ataque ativo.

Foram, portanto, considerados os seguintes casos como sendo incidentes críticos de ataque ativo ocorridos no Brasil:

1. Morumbi Shopping, São Paulo/SP, em 3 de novembro de 1999;

2. Escola Estadual Benedito Ortiz, Taiúva/SP, em 28 de janeiro de 2003;

3. Escola Municipal Tasso da Silveira, Rio de Janeiro/RJ, em 7 de abril de 2011;

4. Centro Municipal de Educação Infantil Gente Inocente, Janaúba/MG, em 5 de outubro de 2017;

5. Colégio Goyases, Goiânia/GO, em 20 de outubro de 2017;

6. Colégio Estadual João Manoel Mondrone, Medianeira/PR, em 28 de setembro de 2018;

---

23. Pode ser conceituado como uma nova modalidade de conflito não convencional, tipicamente brasileiro e advindo da evolução de crimes violentos contra o patrimônio (novo cangaço), nos quais grupos articulados compostos por diversos criminosos, divididos em tarefas específicas, subjugam a ação do poder público por meio do planejamento e da execução de roubos majorados para subtrair o máximo possível de valores em espécie e/ou objetos valiosos ou o resgate de detentos de estabelecimentos prisionais, utilizando ponto de apoio para concentração dos criminosos, artefatos explosivos, armas portáteis de cano longo e calibre restrito, veículos potentes e blindados, rotas de fuga predeterminadas, miguelitos, bloqueio de estradas, vias e rodovias com automóveis em chamas, além da colaboração de olheiros (RODRIGUES, Alpha Bravo Brasil, 2020).

7. Catedral Metropolitana, Campinas/SP, em 11 de dezembro de 2018;

8. Escola Estadual Professor Raul Brasil, Suzano/SP, em 13 de março de 2019;

9. Instituto Estadual de Educação Assis Chateaubriand, Charqueadas/RS, em 21 de agosto de 2019;

10. Escola Estadual Orlando Tavares, Caraí/MG, em 8 de novembro de 2019;

11. Colégio Dom Bosco, Americana/SP, em 29 de março de 2021;

12. Escola Infantil Pró-Infância Aquarela, Saudades/SC, em 4 de maio de 2021;

13. Escola Municipal Brigadeiro Eduardo Gomes, Rio de Janeiro/RJ, em 6 de maio de 2022;

14. Via pública dentro de transporte coletivo, Piracicaba/SP, em 22 de junho de 2022;

15. Escola Municipal Eurides Santana, Barreiras/BA, em 26 de setembro de 2022;

16. Escola Estadual Professora Carmosina Ferreira Gomes, Sobral/CE, em 8 de outubro de 2022;

17. Escola Primo Bitti, Aracruz/ES, em 25 de novembro de 2022;

18. Escola Estadual Professor Júlio Mastrodomênico, Ipaussu/SP, em 14 de dezembro de 2022;

19. Via pública, São José do Rio Preto/SP, em 6 de fevereiro de 2023;

20. Escola Estadual Thomazia Montoro, São Paulo/SP, em 27 de março de 2023;

21. Creche Cantinho Bom Pastor, Blumenau/SC, em 5 de abril de 2023;

22. Instituto Adventista de Manaus, Manaus/AM, em 10 de abril de 2023;

23. Escola Estadual Doutor Marcos Aurélio, Santa Tereza/GO, em 11 de abril de 2023;

24. Colégio Estadual Professora Helena Kolody, Cambé/PR, em 19 de junho de 2023;

25. Via pública em Guareí/SP, em 1º de julho de 2023;

26. Escola Estadual Arlindo Favaro, Leme/SP, em 18 de setembro de 2023;

27. Escola Profissional Dom Bosco, Poços de Caldas/MG, em 10 de outubro de 2023;

28. Escola Estadual Sapopemba, São Paulo/SP, em 23 de outubro de 2023.

No período estudado, dos 28 casos de ataque ativo, nove podem ser considerados como homicídio em massa (três ou mais mortes num evento).

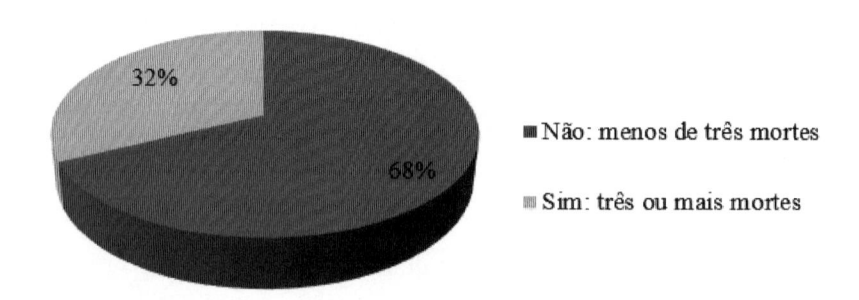

Fonte: os autores (2023)

Os incidentes foram praticados em quatro tipos diferentes de locais, sendo prevalentes em escolas.

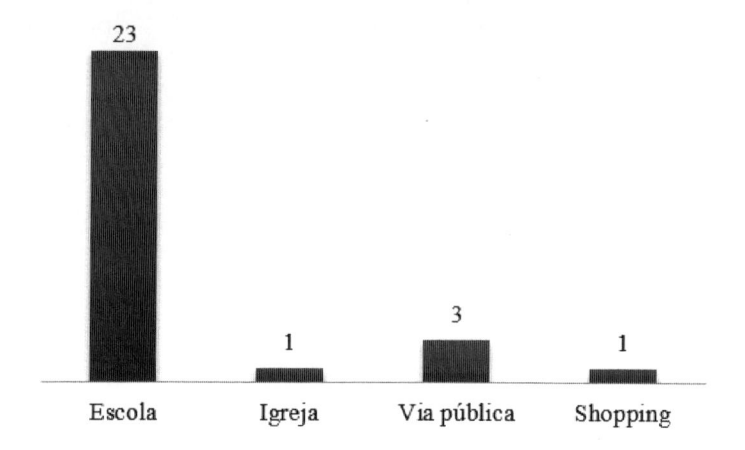

Os ataques, no período estudado, contabilizam 229 vítimas, sendo que destas, 74 são fatais. Os ataques mais letais foram os do Rio de Janeiro, em 2011; e, em Janaúba, em 2017.

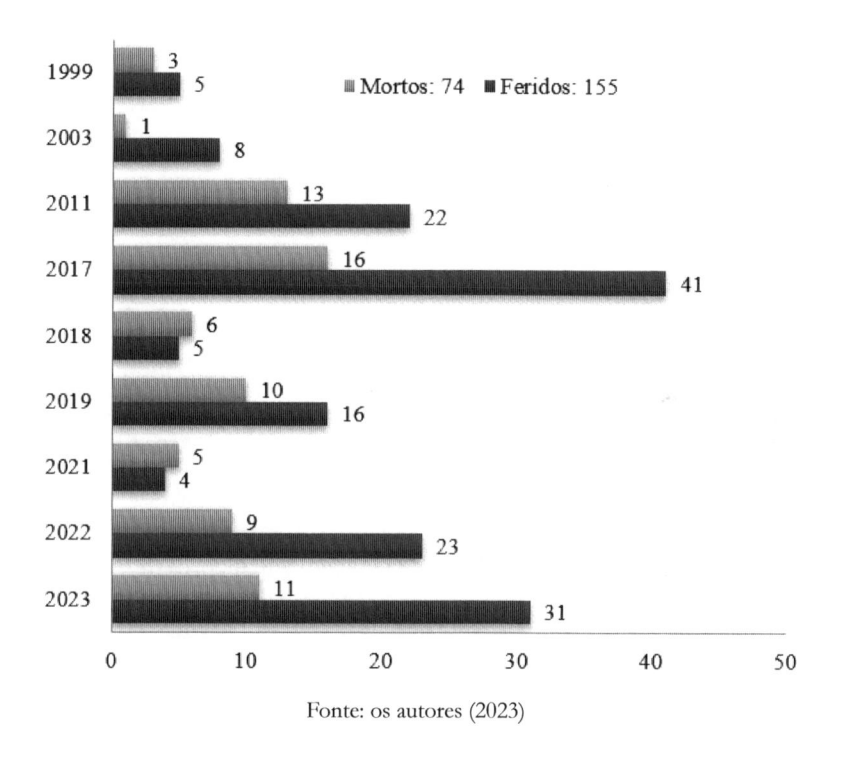

Fonte: os autores (2023)

Quanto à resolução do evento no que diz respeito ao seu causador, verificou-se que, em 17 casos, foi detido no próprio local; e, em cinco casos, cometeu suicídio. Em um dos casos, o causador foi neutralizado por policial de folga e em outros quatro foi detido em outro local, após ter se evadido do ataque.

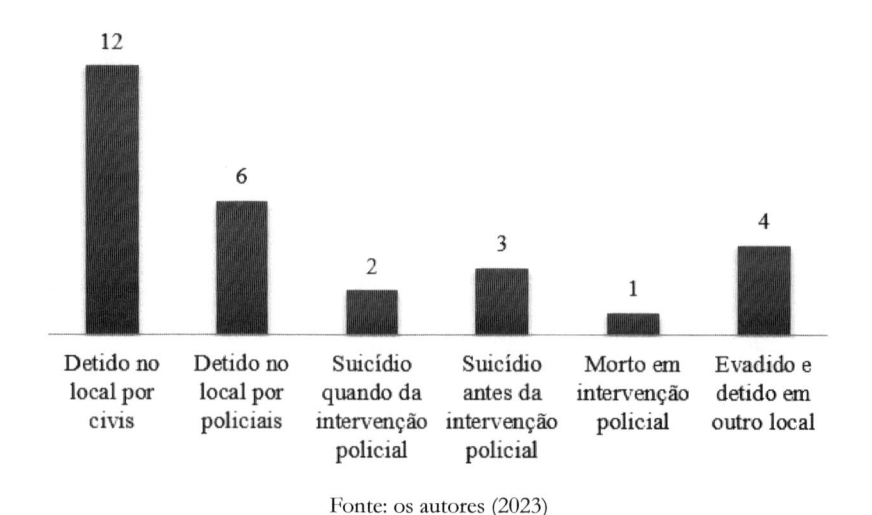

Fonte: os autores (2023)

3.3 Comentários à análise

Em que pese a grande diferença numérica de incidentes, podem-se verificar alguns padrões comuns aos dois países.

A porcentagem dos eventos que se constitui também em homicídios em massa no Brasil e nos EUA é aproximada: perfaz 34% dos eventos nos EUA; e 32% dos episódios no Brasil.

Também se verifica uma tendência de aumento nos casos nos EUA e uma maior concentração de casos no Brasil nos últimos cinco anos, tendo 57% dos ocorridos no Brasil sido praticados em 2022 e 2023.

Outros dados já apresentaram discrepância, tal como o local mais acometido por ataques. Nos EUA, consiste em estabelecimentos comerciais abertos ao público, enquanto no Brasil são as escolas.

Também a forma de resolução do incidente se mostra muito diferente, pois, nos EUA, 71% dos incidentes se resolvem em decorrência de intervenção policial, enquanto no Brasil este número é de 32%.

É importante esclarecer que são entendidas como formas de resolução decorrentes de intervenção policial: a detenção do atacante pela polícia; a morte do atacante em confronto com a polícia; e o suicídio do atacante quando da chegada da polícia ao local.

Esses dados aferidos e comparados entre o Brasil e os EUA são deveras importantes, pois, ao evidenciar aquilo que é comum e o que é diferente em ambas as nações, trazem pistas para ações preventivas ante a possibilidade de ocorrência de tais atos.

Capítulo 4

Resposta e Sobrevivência em Incidentes Críticos

Em seu livro sobre sobrevivência a desastres, Amanda Ripley (2008)[24] identifica os padrões de resposta comuns das pessoas em situações de desastre. Ela argumenta que três fases de resposta são comumente vistas: a negação, a deliberação e o momento decisivo.

4.1 Negação

Reboot Foundation (tradução nossa).

Amanda descobriu em seu estudo que, ao contrário da impressão de pânico que se pode imaginar num início de incidente, era mais comum as pessoas negarem que ele estivesse ocorrendo. A investigação concluída pelo *National Institute of Standards and Technology*

---

24 Amanda Ripley é uma jornalista e escritora americana, conhecida por seu trabalho em jornalismo investigativo e por seus livros que exploram temas sociais e educacionais.

(NIST)[25] (2005) sobre o colapso das torres do *World Trade Center,* em 11 de setembro de 2001, constatou que, em média, as pessoas nos andares inferiores dos edifícios esperaram três minutos para iniciar a evacuação; e os mais próximos dos pisos de impacto esperaram em média cinco minutos antes de começar a evacuar. Os ocupantes indicaram que passaram esse tempo conversando com outras pessoas sobre o que estava acontecendo e reunindo pertences.

Quando as pessoas começaram a evacuar, não entraram em pânico ou debandaram. Elas se moveram propositadamente para as saídas de incêndio e saíram de forma ordenada. Isso apesar de terem ouvido uma enorme explosão que sacudiu o prédio e da presença de fumaça e fogo em vários andares (NIST, 2005; RIPLEY, 2008).

Amanda Ripley (2008) atribui isso ao viés de normalidade. Ou seja, nosso cérebro tende a interpretar as informações como se fossem parte de nossa experiência cotidiana. Por causa disso, as pessoas tendem a subestimar tanto a probabilidade de um desastre quanto os possíveis efeitos do desastre.

4.2 Deliberação

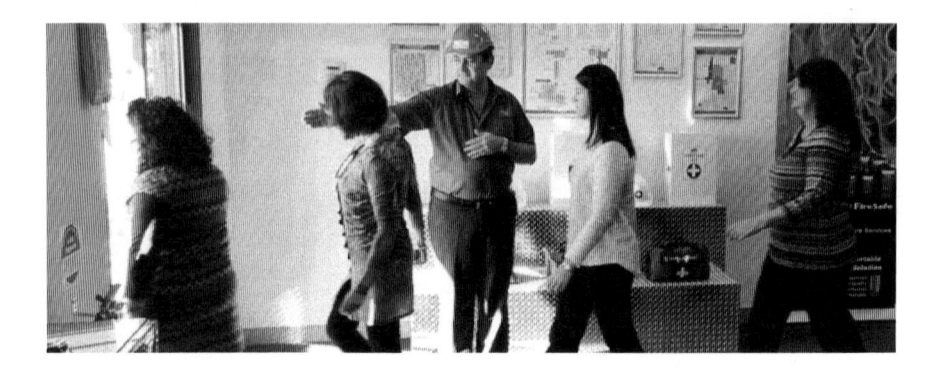

Deliberação (Universidade de Berkeley, Califórnia).

25. Traduzido como Instituto Nacional de Padrões e Tecnologia, faz parte do Departamento de Comércio dos EUA, e cria normas e diretrizes sobre segurança da informação.

Neste ponto, as pessoas em um desastre precisam decidir o que fazer. Se a pessoa não tiver um plano preexistente, isso cria um problema sério, porque os efeitos do estresse que ameaçam a vida em seus sistemas corporais limitam severamente sua capacidade de perceber informações e fazer planos.

O estresse aumenta os batimentos cardíacos e produz uma série de alterações fisiológicas no corpo humano, afetando a nossa capacidade de tomar decisões apropriadas, senão vejamos (GROSSMAN; CHRISTENSEN, 2008) [26].

Condição Branca (60 batimentos por minuto): frequência cardíaca normal em repouso. Essa condição geralmente ocorre quando se está inserido em um ambiente confortável e seguro;

Condição Amarela (90 batimentos por minuto): as habilidades motoras finas começam a se deteriorar. Essa condição ocorre quando o corpo está em um estado de alerta elevado;

Condição Vermelha (120 batidas por minuto): as habilidades motoras complexas se deterioram — desempenho físico máximo na coordenação motora grossa. Uma pessoa ficará mais forte, mais rápida e sangrará menos. Um ataque é iminente ou está em andamento;

Condição Cinza (150 batimentos por minuto): o processamento cognitivo se deteriora, visão de túnel, exclusão auditiva, dilatação do tempo. O ambiente está ficando pesado;

Condição Preta (175 batimentos por minuto): sobrecarga do sistema, congelamento, esvaziamento dos intestinos e da bexiga.

---

26. Dave Grossman é psicólogo e Coronel do Exército dos Estados Unidos, atualmente na reserva, conhecido por sua especialização em psicologia militar, incluindo o estudo do estresse, o impacto de combates e a resposta psicológica dos soldados a situações de perigo extremo. Loren Christensen é um artista marcial e policial veterano do Departamento de Polícia de Portland, com vasta experiência em aplicação da lei e das artes marciais.

Cérebro Reptiliano x Cérebro Humano

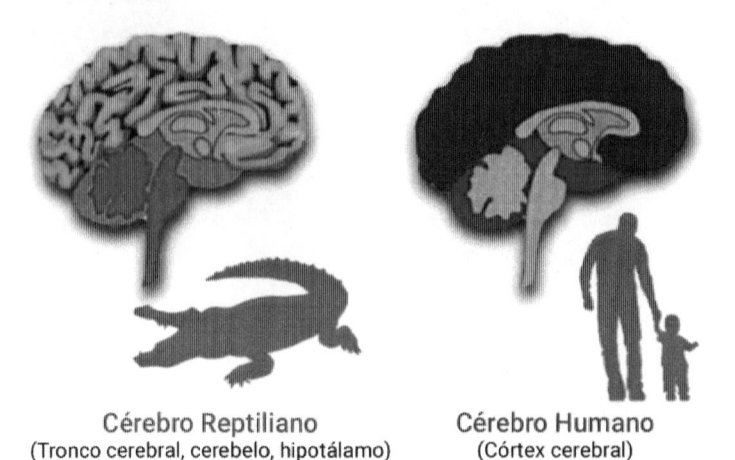

Cérebro Reptiliano
(Tronco cerebral, cerebelo, hipotálamo)

Cérebro Humano
(Córtex cerebral)

IMS Consulting & Expert Services (tradução nossa).

Para o propósito deste estudo, vamos utilizar uma versão simplificada da teoria do cérebro trino de MacLean (1990)[27], que enxerga o cérebro como tendo três sistemas operacionais básicos, sendo o Cérebro Reptiliano, o Sistema Límbico e o Neocórtex. Neste estudo, para facilitar a compreensão, trataremos os dois últimos sistemas como Cérebro Humano.

O Cérebro Reptiliano corresponde às estruturas cerebrais mais antigas e primitivas (cérebro emocional), enquanto o Cérebro Humano corresponde às estruturas cerebrais mais modernas (cérebro racional). Todos os animais têm um sistema cerebral reptiliano. Os seres humanos têm o cérebro racional mais desenvolvido de todos os animais.

Quando a informação é recebida de um desses sentidos, ela se divide em dois fluxos. Um alimenta o sistema racional e o outro o sistema emocional. Uma das vantagens do cérebro reptiliano é que ele é rápido. A desvantagem dessa velocidade é que ela é limitada a um

---

27. Paul Donald MacLean foi um médico e neurocientista americano, conhecido por suas contribuições significativas para fisiologia, psiquiatria e compreensão do funcionamento do cérebro humano.

conjunto de respostas pré-programadas. Não há necessidade de pensar quando o cérebro reptiliano está controlando algo.

Quando estamos conscientes do que está ocorrendo, permanecemos usando o cérebro humano. A grande vantagem deste sistema é que ele é flexível. O cérebro humano nos permite aprender, considerar opções e desenvolver planos. Isso vem ao custo da velocidade.

Enquanto se trata de tempo de reação, o cérebro humano é muito mais lento que o cérebro reptiliano. Também é preciso esforço para envolver o cérebro humano, e o cérebro humano não funciona bem sob estresse. Nosso cérebro tem uma série de sistemas de alarme que são ativados para nos preparar para lidar com a ameaça. Um barulho alto, por exemplo, pode ativar nosso reflexo de sobressalto (o que pode nos fazer estremecer). Nesses casos, o reflexo de sobressalto inicia o processo de nos preparar para agir. À medida que a série de alarmes é ativada (frequência cardíaca, respiração, fluxo sanguíneo para grandes músculos), nosso corpo se concentra na ameaça. Essas mudanças nos tornam mais rápidos, mais fortes e mais focados. Esse processo está em grande parte no cérebro reptiliano.

À medida que o estresse aumenta, a capacidade de pensar racionalmente diminui. Com estresse suficiente, todos se tornam estúpidos. Este é o nosso cérebro humano desligando e nosso cérebro reptiliano assumindo o controle. Em altos níveis de estresse, as pessoas só podem fazer o que está pré-programado no cérebro reptiliano. Para muitas pessoas, essas ações se limitam a lutar, congelar ou fugir.

É possível a presença de vários efeitos colaterais sensoriais comuns a altos níveis de estresse, que muitos policiais relatam ter percebido durante o uso de força letal (CHRISTENSEN; ARTWOHL, 2019)[28]:

---

28. Alexis Artwohl é psicóloga e uma especialista reconhecida na área de trauma, treinamento policial e psicologia dirigida à aplicação da lei. Ela é autora de vários livros e artigos que abordam temas como resposta ao estresse, trauma e sobrevivência.

- Visão de túnel: seu campo de foco pode se restringir apenas à ameaça mais imediata e você pode não ver detalhes periféricos;
- Exclusão de áudio: você pode parar de ouvir o que está acontecendo;
- Dilatações do tempo: as coisas podem parecer se mover em câmera lenta;
- Experiências fora do corpo: você pode se sentir como se estivesse fora de seu corpo observando o evento acontecer;
- Habilidades motoras reduzidas: você pode experimentar eficiência reduzida de suas habilidades motoras finas.

Esses são efeitos colaterais do sistema de resposta ao estresse preparando o corpo para lidar com uma ameaça. Essas respostas do cérebro reptiliano às ameaças se desenvolveram durante uma época em que a ameaça mais provável ao homem vinha de uma única fonte com a qual se precisava lidar, física e imediatamente. Por exemplo, um predador saltando de arbustos na frente de um humano primitivo, que precisava lutar ou fugir.

O ambiente de ameaças enfrentado pelas pessoas hoje costuma ser muito mais complicado. Uma pessoa pode enfrentar situações em que é confrontada com vários suspeitos armados e vítimas inocentes.

Embora o cérebro reptiliano tenha seus usos, está claro que o cérebro humano é necessário em muitas das situações perigosas que uma pessoa pode enfrentar atualmente. As sugestões a seguir explicam como manter o cérebro humano funcionando por mais tempo.

Usar a Força de Vontade

No caso de um encontro violento, o cérebro reptiliano está disparando uma variedade de alarmes de pânico. Exercendo força de vontade, uma pessoa está tentando fazer com que o cérebro humano anule esses alarmes. Isso pode ser feito, mas requer um esforço consciente. A força de vontade é, no entanto, um recurso limitado. Ela pode prevenir ou retardar algumas situações de estresse, mas em algum momento falhará. A Respiração de Combate pode ajudar a utilizar a força de vontade. Respirar pelo nariz contando até três, prender a respiração contando até dois, expirar contando até três e, em seguida, fazer uma pausa para contar até dois antes de iniciar a próxima respiração podem reduz drasticamente os batimentos cardíacos das pessoas por um curto período de tempo e pode ajudar a contornar os alarmes do cérebro reptiliano.

Cuidar-se

Pesquisas mostram que pessoas mais aptas também são geralmente mais capazes de lidar com o estresse. Isso pode ser devido, em parte, ao sistema regulador de uma pessoa em forma ser mais capaz de lidar com as oscilações fisiológicas causadas pelo estresse, e em parte pode ser devido à força de vontade. O exercício requer o uso da força de vontade. Melhores hábitos de dieta e sono também podem reduzir seu nível básico de estresse.

4.3 Agir

Congelar é quase sempre a resposta errada. Leva a um sentimento de impotência. Quando as pessoas se sentem desamparadas, seus níveis de estresse aumentam, o que dificulta ainda mais o funcionamento. A ação, por meio de qualquer atitude, pode ajudar a dar uma sensação de controle e reduzir a resposta ao estresse.

O Momento Decisivo

Uma vez tomada a decisão, deve-se agir de forma rápida e decisiva. Deixar de agir rapidamente pode resultar na permanência em posição de ser ferido ou morto durante um evento de ataque ativo. Quanto mais rápido se passar pelas fases de Negação e Deliberação, mais rápido pode-se chegar ao Momento Decisivo e começar a tomar medidas que podem salvar vidas.

4.4 Protocolos de resposta

Como foi visto, diversas agências de segurança norte-americanas concordam que treinar civis sobre como se comportar durante um eventual ataque lhes dará uma melhor chance de sobreviver.

O DHS recomenda o modelo *"run hide fight"*, que consiste em:

a) **Run (Fugir):** Se houver um caminho de fuga acessível, tente fugir do local. A melhor forma de se proteger é nem sequer estar no local do ataque.

b) **Hide (Esconder):** Não sendo possível fugir, ache um lugar para se esconder onde seja menos provável que o atirador ativo o encontre. Para impedir que um atirador ativo entre no seu esconderijo, tranque a porta e a bloqueie com móveis pesados.

c) **Fight (Lutar):** Como último recurso, e somente com risco de morte iminente, tente atrapalhar ou neutralizar o atirador ativo atacando-o com a maior agressividade possível ou jogando objetos e improvisando armas. (DHS, 2008).

Já a ALERRT (2015), neste mesmo sentido, denomina o método como *"avoid deny defend"*, que será melhor explorado a seguir.

Avoid (Evitar)

"Evitar" (Joint Base Langley-Eustis, 2019)

Deve-se sempre estar atento às suas imediações, pois é melhor *Evitar* a situação ao primeiro sinal de que algo ruim está acontecendo, deixando o local. Ligar para 190 é importante, mas pode não ser a coisa mais relevante a fazer naquele momento. Durante um ataque iminente, a prioridade imediata é evitar o atacante, devendo ser chamada a polícia assim que for seguro fazê-lo.

A saída não deve se limitar às portas, devendo ser consideradas saídas secundárias como janelas, se necessário. O pânico induzido pelo estresse torna coisas cotidianas simples, como fechar e trancar uma porta, quase impossíveis de se realizar. Parece muito óbvio para outras pessoas que não estão sob esse estresse.

Deny (Negar)

"Negar" (ABC News, 2019).

Se não for possível escapar do atacante por meio da opção anterior, a próxima opção é *Negar* o acesso do invasor às pessoas. Isso pode ser feito entrando-se em uma sala e trancando a porta. Contudo, este deve ser apenas o primeiro passo, pois uma porta trancada, por si só, servirá como um obstáculo temporário para alguém que se dedica a entrar na área.

Para isso, devem ser utilizados móveis ou quaisquer objetos dentro da sala para barricar a porta e qualquer ponto de acesso ao local. Portas que se abrem para dentro são muito mais fáceis de barricar do que as que se abrem para fora. Mesas, arquivos, cadeiras e objetos grandes são bons itens para serem usados como barricada.

Existem objetos próprios para trancar portas que abrem para fora, mas, na sua ausência, vários itens cotidianos de acesso imediato podem ser usados para manter a porta fechada, tais como a alça de uma bolsa ou um cinto. Móveis e outros objetos também podem ser empilhados na frente da porta.

Se o atacante transpor a fechadura e as barricadas, os itens na porta ou o ponto de acesso serão a próxima barreira que o atirador deve ultrapassar. Na maioria das circunstâncias, isso exigirá que o atacante tire pelo menos uma mão da arma para passar pela barreira. Isso pode fornecer uma oportunidade de passar para a próxima opção, *Defender*, com o atacante em desvantagem.

Negar o acesso à localização atual não deve ser considerado um estado final. Se possível, deve-se tentar a fase de *Evitar* novamente, procurando por outras saídas, incluindo janelas ou salas adjacentes.

Se não for possível evitar e houver o acesso negado da melhor maneira possível, deve-se permanecer quieto, fora de vista e silenciar o telefone. Para a próxima etapa, caso seja necessário, deve ser assumido um papel ativo na defesa das vidas inocentes.

Defend (Defender)

"Defender" (HSI).

Como último recurso, e somente com risco de morte iminente, deve-se tentar neutralizar o atacante, atacando-o com a maior agressividade possível ou jogando objetos e improvisando armas.

A vida é um direito indisponível e todos têm o direito de se defender, porém, possuir esse direito não equivale automaticamente a ter essa capacidade de defesa, que deve ser praticada. Caso ocorra uma situação em que as tentativas de *Evitar* e *Negar* falharam, deve-se tentar a opção *Defender*.

Estudos demonstram que, na maioria das situações, as vítimas superarão o atacante em 10, 20 ou 50 para um. Essas são boas chances, se for possível que outras pessoas ajudem a cercar o atacante. As melhores posições para se defender são os locais onde seja possível surpreender o atacante, perto da porta, ao longo de uma parede e fora de vista. Uma mudança nas condições de iluminação, bem como obstáculos adicionais colocados, fornecerá uma janela de oportunidade para a defesa.

4.5 Como se portar com os Primeiros Interventores e Socorristas

Primeiros interventores (Dallas Morning News, 2018).

A chamada de um ataque ativo trará uma resposta de várias agências. Policiais uniformizados serão normalmente os primeiros a chegar ao local; no entanto, isso nem sempre é verdade. Policiais civis, policiais de folga e outros agentes à paisana podem ouvir a solicitação e responder à chamada. A maioria dos policiais à paisana usará algo que os identifique como policiais, mas, às vezes, isso é sutil, como distintivos ou peças de uniforme como um colete sob as vestes.

É importante saber que os policiais trabalham com prioridades durante um ataque ativo. Sua primeira prioridade é avançar, contornando os feridos e confrontando o atacante, sendo que, assim que sua ação homicida for impedida, os policiais passarão a fornecer assistência médica aos feridos mais graves e a vasculhar o restante do prédio em busca de quaisquer ameaças em potencial e vítimas feridas.

Também é importante entender que essas cenas serão caóticas. Deve-se tentar entender a cena sob a ótica dos policiais. Eles não sabem quem é o atacante e foram treinados para tratar a todos como "desconhecidos" até que sejam positivamente identificados como inocentes. Os policiais também estarão enfrentando altos níveis de estresse e, assim como o público em geral, alguns lidam com essas situações melhor do que outros.

É vital que todos acatem as ordens dos policiais adequadamente, mantendo suas mãos visíveis o tempo todo, a menos que seja ordenado de outra forma. Todos os comandos emanados pelos policiais devem ser seguidos, independentemente de parecerem razoáveis ou não naquele momento. Caso se saiba de outra ameaça dentro da área, os policiais devem ser informados assim que possível. As pessoas podem ser solicitadas a fazer algo contra sua política interna, porém neste momento as ordens do policial superam as políticas da empresa ou escola.

Na maioria das circunstâncias, os socorristas médicos não adentrarão o local até que ele seja considerado seguro pelos policiais.

Isso significa que a polícia e outras pessoas dentro da estrutura terão de ser os provedores médicos iniciais para muitas das vítimas. Ferimentos por arma de fogo e outros traumas penetrantes causam sangramento, que deve ser rapidamente controlado. As pessoas podem ser solicitadas pelos policiais para ajudar, caso sejam capazes.

Ataques ativos são eventos traumáticos, e mesmo que todos escapem fisicamente ilesos do evento, é possível que as vítimas experimentem traumas mentais e emocionais. Muitos sobreviventes de eventos de ataques ativos relatam sintomas de choque, pesadelos, transtorno de estresse pós-traumático e culpa do sobrevivente. É importante que empresas, escolas e comunidades tenham planos de gerenciamento de estresse de incidentes críticos para lidar com essas feridas muitas vezes invisíveis que ocorrem devido ao evento.

99

É importante saber que os policiais trabalham com prioridades durante um ataque ativo. Sua primeira prioridade é avançar, contornando os feridos e confrontando o atacante.

Capítulo 5

Aplicação dos Sistemas de Comando e Controle

De acordo com Heal (2000)[29], o Comando seria a autoridade de uma pessoa na organização, controle e na delegação de tarefas secundárias, uma vez que o comandante jamais poderia executar todas as funções ao mesmo tempo.

Vale destacar, contudo, que frequentemente o *comando* é confundido com o *controle*, pois, apesar de serem fatores distintos em dirigir as atividades humanas, estão intimamente ligados, algumas vezes erroneamente utilizados um pelo outro. Não é incomum para uma pessoa estar no comando e não estar no controle e, inversamente, estar no controle, e não no comando. Isto porque é virtualmente impossível para um comandante controlar todas as facetas da organização tática que ele dirige. (HEAL, 2000).

Nesse sentido, o *Incident Command System* (ICS)[30] é uma ferramenta de Comando e Controle (C2) que orienta por meio de um sistema organizacional e metodológico a intenção do comandante, fornecendo uma hierarquia comum dentro da qual o pessoal de várias organizações pode trabalhar de forma eficaz.

O SCI especifica uma estrutura organizacional para gerenciamento de incidentes que integra e coordena uma combinação de procedimentos, pessoal, equipamento, instalações e comunicações. Seu uso para cada incidente ajuda a aprimorar e manter as habilidades necessárias para coordenar os esforços de maneira eficaz. É utilizado

29. Charles "Sid" Heal foi Xerife do Condado de Los Angeles e especialista em operações SWAT, tendo feito grandes contribuições na área de Gerenciamento de Incidentes Críticos.
30. Traduzido e adotado no Brasil como Sistema de Comando de Incidentes (SCI).

por todos os níveis do governo, bem como por muitas ONGs e organizações do setor privado. Aplica-se a todas as disciplinas e permite que os gerentes de incidentes de diferentes organizações trabalhem juntos sem problemas.

O sistema inclui cinco áreas funcionais principais, com a equipe necessária, para um determinado incidente:

- Comando;
- Operações;
- Planejamento;
- Logística; e
- Finanças / Administração.

O Comando e Controle é associado a eventos de todas as naturezas, servindo desde desastres naturais a múltiplos ataques terroristas coordenados. Sua história está intimamente ligada às guerras e aos conflitos de alta intensidade. Entretanto, alguns fatores e algumas características fizeram com que o C2 migrasse para o gerenciamento de incidentes.

As principais características que buscam uma forma célere de mitigar e normalizar os incidentes são: unidade de esforço, integração de órgãos e agenciais; pensamento sistêmico na tomada de decisões; interoperabilidade; integração e colaboração entre envolvidos; coordenação; concatenamento de informações; otimização dos recursos disponíveis com o objetivo de salvar vidas; preservação máxima do meio ambiente e patrimônio.

No que tange à sua aplicação à rotina escolar, a vulnerabilidade das escolas a uma série de incidentes, seja de origem natural, tecnológica ou policial, é uma realidade que enfrentamos anualmente. Apesar de nossos contínuos esforços e preparativos, frequentemente nos encontramos na linha de frente ao lidar com essas situações adversas.

É crucial reconhecer o papel central desempenhado pelos membros da equipe escolar como os primeiros a responder em casos de incidentes ocorridos dentro das instalações escolares ou que envolvam alunos e funcionários. Embora a administração da resposta ao incidente possa ser transferida para entidades externas, como a polícia, bombeiros e serviços médicos de emergência, é a equipe escolar que assume a liderança nas etapas iniciais.

A responsabilidade primordial dos funcionários escolares é coordenar as ações iniciais e servir como a conexão vital entre o incidente e os socorristas profissionais, como a polícia, os bombeiros e serviços médicos de emergência, que estão a caminho. Sua atuação é fundamental para dirigir e facilitar as atividades preliminares de resposta até a chegada dos socorristas.

Nesse cenário, os funcionários da escola desempenham um papel central ao gerenciar eficazmente as ações de resposta inicial, estabelecendo uma estrutura de comando específica para o incidente. Essa função envolve a coordenação de esforços, comunicação interna e avaliação preliminar da situação, garantindo a organização e eficiência da resposta.

O SCI também se revela uma estrutura de gerenciamento altamente eficiente, não apenas em situações de incidentes emergenciais, mas até também em incidentes planejados, como cerimônias de formatura escolar.

Essa abordagem oferece uma metodologia comprovada para coordenar e administrar uma ampla gama de incidentes. Ao aplicar o SCI a uma formatura escolar, por exemplo, é possível garantir uma organização meticulosa, uma comunicação fluida e uma supervisão coordenada. Isso permite que todos os elementos do evento fluam harmoniosamente, desde a configuração dos assentos até a coordenação dos discursos e a garantia da segurança dos presentes.

Como seria a estrutura do SCI em uma escola?

Fonte: os autores.

A estrutura do SCI mantém uma padronização consistente independentemente do local onde é implementada. Esses elementos são acionados de acordo com as necessidades específicas de cada evento, de modo que, se uma seção específica não se mostrar essencial, o Comandante do Incidente poderá optar por não ativá-la. Contudo, é responsabilidade do Comandante do Incidente assumir diretamente qualquer função que não tenha sido delegada a um membro subordinado.

Essa organização flexível é ajustada de forma a administrar de maneira eficiente os recursos alocados para um incidente ou evento. A estrutura do SCI, por exemplo, aplicada a uma situação de aluno desaparecido nas instalações escolares, poderá ser mantida bastante simples, possivelmente composta apenas pelo Comandante do Incidente, um Chefe de Operações e várias Equipes de Busca. Seções como Planejamento, Logística e Finanças/Administração poderão não ser necessárias, especialmente se o incidente for de curta duração e geograficamente limitado.

Fatores como o tipo de incidente, as exigências da tarefa, os riscos e elementos de segurança, além das distâncias entre os recursos e os membros da equipe, influenciarão o escopo do controle necessário e determinarão o tamanho adequado da estrutura SCI para o incidente em questão.

É fundamental ter em mente que, ao implementar uma organização SCI para um incidente em uma escola:

- Não há necessariamente conexão direta com a estrutura administrativa cotidiana da instituição.

- A estrutura do SCI é distinta da hierarquia administrativa habitual, visando a evitar qualquer ambiguidade relacionada a quem se deve buscar orientação.

- Os supervisores dentro do Comando de Incidente devem empregar os títulos SCI apropriados, que serão distintos de suas designações regulares na escola.

Esse delineamento é essencial para garantir a clareza e a eficácia das operações durante situações críticas. Ao separar de maneira clara a estrutura SCI das funções administrativas do dia a dia, é possível minimizar confusões e assegurar que as diretrizes e responsabilidades sejam compreendidas de maneira inequívoca. Portanto, a utilização dos títulos SCI adequados por parte dos supervisores, que podem diferir dos cargos que ocupam na rotina escolar, é essencial para manter a integridade da estrutura de comando e controle durante incidentes.

Para exemplificar essa dinâmica, consideremos um cenário hipotético no qual ocorrem vários casos de insolação durante um evento escolar. Suponhamos que a enfermeira da escola tenha sido designada como Comandante do Incidente. Nessa situação, ela assume a responsabilidade pelas atribuições de trabalho para todos os membros designados para lidar com a situação.

Ainda que o vice-diretor possua autoridade superior na hierarquia administrativa, seria inadequado para ele contornar a cadeia de comando estabelecida pelo SCI e emitir ordens diretas aos membros da equipe de gestão de incidentes. Nesse contexto, o vice-diretor deve canalizar qualquer orientação ou direcionamento por meio do Comandante do Incidente, que, por sua vez, avaliará quais ações são necessárias e determinará qual membro da equipe de gerenciamento de incidentes será responsável por conduzir essas ações.

Isso garante a coesão da estrutura de comando, evita ambiguidades e contribui para uma resposta eficaz ao incidente. A separação clara entre a autoridade administrativa cotidiana e a liderança definida pelo SCI permite uma gestão eficiente e coordenada, otimizando as operações e mantendo a clareza nas responsabilidades durante a situação de crise.

5.1 Comandante do Incidente

O papel de Comandante do Incidente é atribuído pela liderança escolar para coordenar a resposta a um incidente planejado ou emergencial. O profissional selecionado assume a responsabilidade global e estabelece os objetivos, as estratégias e prioridades para a gestão do incidente.

A posição de Comandante do Incidente é a única que permanece sempre preenchida na estrutura do SCI. Em situações menores, envolvendo apenas alguns funcionários da escola, é concebível que o Comandante do Incidente não nomeie supervisores subordinados. Nesse cenário, ele assume diretamente todas as funções de gestão do incidente. No entanto, é mais frequente que o Comandante do Incidente delegue responsabilidades a diversos supervisores subordinados para auxiliar na administração de várias áreas da resposta ao incidente.

Quando alguém é designado como Comandante do Incidente, recebe a autoridade para supervisionar e coordenar a situação. Independentemente da posição ou função que essa pessoa desempenhe na administração escolar em situações normais, ao ser designada como Comandante do Incidente, ela assume a liderança na gestão do incidente e tem a capacidade de delegar essa autoridade a outros para supervisionar aspectos específicos da estrutura SCI.

Durante uma ameaça de bomba na escola, uma professora foi escolhida pela administração como Comandante do Incidente encarregada da evacuação das crianças do prédio. Ela estabeleceu uma estrutura SCI e iniciou o processo de evacuação. Para auxiliá-la, nomeou um Oficial de Segurança, um Oficial de Informações Públicas, um encarregado de manutenção, um planejador e um indivíduo para registrar as ações realizadas.

Vale ressaltar que, considerando o tamanho e a complexidade do incidente, ela designou funções-chave no Estado-Maior (Segurança e Oficial de Informações Públicas), mas optou por não instituir uma Seção de Estado-Maior. Quando a polícia chegou ao local, ela transferiu o comando do incidente para um Comandante do Incidente designado pelo departamento policial.

Após ceder o controle do incidente, ela assumiu um novo papel dentro da estrutura SCI como ponto de contato entre a escola e o novo Comandante do Incidente da polícia. Essa transição permitiu uma coordenação eficaz entre as partes envolvidas, mantendo a fluidez das operações e garantindo uma resposta unificada e organizada à emergência.

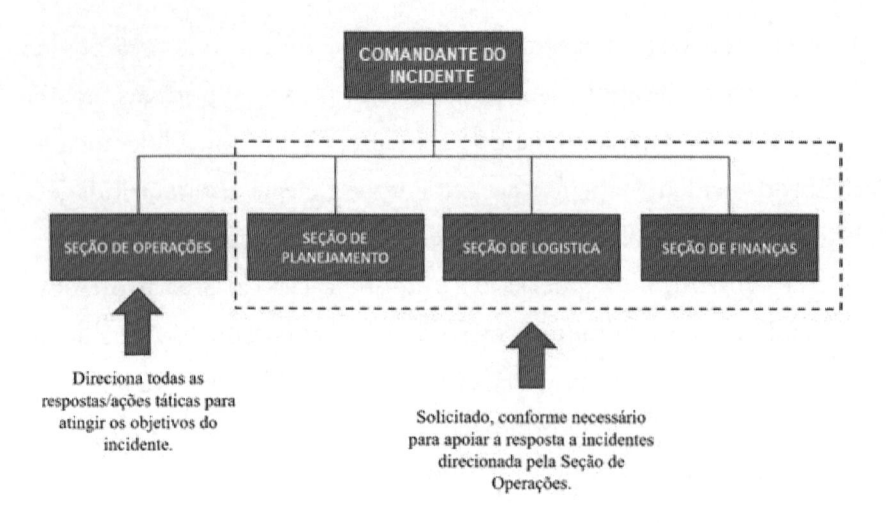

Fonte: os autores.

Seção de Operações

A Seção de Operações é responsável por gerenciar as atividades operacionais, coordenando recursos para alcançar os objetivos definidos para o incidente. Quando um Comandante do Incidente em um cenário escolar decide estabelecer apenas uma seção, é provável que essa seja a Seção de Operações.

Durante um incidente, a equipe da Seção de Operações pode ser composta por diversos indivíduos da escola. Por exemplo, o Chefe da Seção de Operações pode supervisionar tanto um profissional específico, como a Enfermeira Escolar, quanto grupos de pessoas, como uma Equipe de Manutenção Escolar responsável pelas instalações físicas e uma Equipe de Segurança Escolar encarregada da segurança no local. Ao liderar um grupo de pessoas, como no caso da equipe de manutenção, um membro dessa equipe pode ser designado como supervisor.

Fonte: os autores.

A Seção de Operações desempenha um papel crucial ao direcionar recursos e coordenar as ações para garantir uma resposta eficiente e organizada ao incidente. Isso permite que as atividades sejam realizadas de maneira coordenada, minimizando confusões e otimizando a eficácia das operações em um cenário escolar.

Ao estabelecer equipes, é essencial considerar a noção de "amplitude de controle". Cada Líder de Equipe deve ser capaz de efetivamente supervisionar até cinco membros de sua equipe.

O Chefe da Seção de Operações também deve manter um controle eficaz sobre um grupo de três a sete pessoas, que incluirá alguns Líderes de Equipe. Quando o número de indivíduos sob supervisão ultrapassar sete, é o momento de avaliar a estrutura organizacional e considerar a inclusão de supervisores adicionais.

Vale ressaltar que essa proporção de um para cinco pode variar dependendo da natureza específica do incidente, da complexidade da situação, dos recursos disponíveis e das habilidades das equipes e dos líderes envolvidos. Em incidentes maiores ou mais complexos, pode ser necessário ajustar essa proporção para garantir um gerenciamento eficiente, sem sobrecarregar a comunicação.

No geral, o objetivo permanece em manter uma estrutura de comando e controle que assegure uma resposta organizada e coordenada. A flexibilidade é essencial para garantir que o modelo de gerenciamento seja adaptável a diferentes escalas e circunstâncias, permitindo uma abordagem coordenada e eficaz em todas as situações.

Seção de Planejamento

A Seção de Planejamento entra em ação quando é necessário lidar com um incidente. Ela desempenha um papel essencial na coleta, avaliação e apresentação de informações sobre o incidente em questão. Além disso, prepara e documenta os planos de ação, mantém um registro dos recursos alocados, registra os detalhes do incidente e cria planos para a finalização das operações.

Imaginemos um incidente em uma escola. A Seção de Planejamento ajuda a garantir que os socorristas tenham dados precisos, como o número de alunos ainda no prédio. Ela também pode disponibilizar recursos como mapas e plantas do local. Além de planejar, essa seção atua como uma equipe de registro, documentando as ações tomadas. Esses registros podem ser inestimáveis após o incidente, para questões legais, análises e prestação de contas.

O planejamento pode ser tão simples quando só uma pessoa seja designada para documentar o incidente. Quando o incidente escolar envolver diversas tarefas de planejamento, pode ser necessário que várias pessoas trabalhem sob a liderança de um Chefe da Seção de Planejamento.

Seção de Logística

A Seção de Logística garante que os recursos adequados estejam disponíveis, incluindo pessoal, suprimentos e equipamentos.

Durante um incidente em uma escola, a Logística se concentra em providenciar recursos essenciais, como alimentos, água e instalações sanitárias. Ela também coordena a disponibilidade de ônibus para evacuações, fornece equipamentos de comunicação e atende às necessidades de instalações. Enquanto a equipe médica designada para Operações cuida dos alunos feridos, a Seção de Logística lida com os cuidados médicos dos membros da equipe envolvidos na resposta.

Quando recursos precisam ser adquiridos para lidar com um incidente, a Logística trabalha em conjunto com a Seção de Finanças/Administração.

A tarefa de logística pode ser conduzida por um indivíduo sob a supervisão direta do Comandante do Incidente. Quando o incidente exige diversas funções logísticas, vários indivíduos atuam sob a orientação de um Chefe de Seção de Logística.

Seção de Finanças/Administração

A função de Finanças/Administração trata dos aspectos financeiros da resposta ao incidente ou evento. Isso inclui tudo, desde análises de custos até negociação de contratos, monitoramento do tempo de equipe e equipamentos, registro e processamento de reclamações por acidentes e ferimentos, além de manter um registro contínuo dos custos associados ao incidente.

Em incidentes escolares, um único indivíduo sob a autoridade direta do Comandante do Incidente pode cuidar dessa função. Em casos mais complexos, vários colaboradores trabalham sob o comando de um Chefe de Seção de Finanças/Administração. Em algumas situações, a função de Finanças/Administração pode ser executada fora do local do incidente, como pelo distrito escolar.

5.2 Dinâmica do SCI no ambiente escolar

Vamos explorar algumas das responsabilidades e ações que podem ser adotadas pelas diferentes funções dentro da Organização SCI, usando um cenário como exemplo.

Imagine que professores estão no pátio de uma escola durante o recreio. De repente, uma criança cai de costas e para de se mover, embora ainda esteja respirando. Um trovão soa ao longe.

Aqui, diversas ações devem ser realizadas rapidamente. Primeiramente, a criança precisa ser avaliada e receber os cuidados médicos apropriados. Para isso, alguém deve chamar ajuda médica imediatamente. Uma vez que serviços médicos de emergência possam ser necessários, alguém precisa discar o número de emergência 190. Além disso, é importante garantir a segurança da criança ferida e das outras crianças, movendo-as para um local seguro. Nesse momento, deve-se assumir a responsabilidade pela segurança de todas as crianças, além de outros professores e membros da administração que estejam envolvidos na resposta ao incidente. É crucial considerar outros possíveis riscos à segurança tanto dos alunos quanto dos profissionais envolvidos.

Simultaneamente, é fundamental notificar a administração da escola, os serviços médicos externos e os pais da criança sobre a situação. Em casos mais sérios, talvez seja necessário também fazer um comunicado à imprensa local. Ademais, alguém deve documentar todas as ações tomadas durante o incidente. Ainda há a possibilidade de surgir questões relacionadas a pagamento ou compensação dos profissionais envolvidos.

Para executar todas essas ações de maneira coordenada, é necessário que alguém assuma o papel de estabelecer o Comando do Incidente. No SCI, o socorrista mais experiente no local é encarregado de estabelecer e manter o comando inicial do incidente até que o incidente seja resolvido ou a administração da escola designe outro Comandante de Incidente.

Ao conduzir as ações iniciais e coordenando a resposta, é recomendável se desenvolver uma estrutura de comando de incidente para auxiliar na gestão da situação. Importante lembrar que o Comandante do Incidente será responsável por quaisquer funções que não tenham sido delegadas a um supervisor designado.

Considerando isso, quais são as funções e responsabilidades que devem ser levadas em consideração? Para ilustrar e auxiliar nesse processo, foi elaborado um quadro.

Gerenciamento de SCI	
Função	Responsabilidades
Comando	Estabelece Comando de Incidente, determina e direciona os esforços responsivos (objetivos iniciais do incidente).
Segurança	Avalia as preocupações de segurança e recomenda ações adicionais para garantir a segurança de todos no ambiente escolar.
Informação pública	Prepara e dissemina informações aos pais e à mídia.
Operações	Gerencia o incidente com eficácia, certifica-se que a criança não se mova e monitora os sinais vitais. Fornece conforto à criança ferida. Determina ações apropriadas para garantir a segurança de outros alunos.

Gerenciamento de SCI	
Função	**Responsabilidades**
Planejamento	Monitora o clima que se aproxima. Prepara medidas de contingência na hipótese de ocorrerem relâmpagos. Prepara-se para a possibilidade de a criança ter uma parada respiratória.
Logística	Providencia um abrigo temporário para cobrir a criança ferida.
Finanças / Administração	Preenche os relatórios e trabalha com a equipe escolar apropriada.

Fonte: os autores.

Como se pode organizar a resposta para este incidente? A seguir está uma estrutura de comando de incidente possível para este caso:

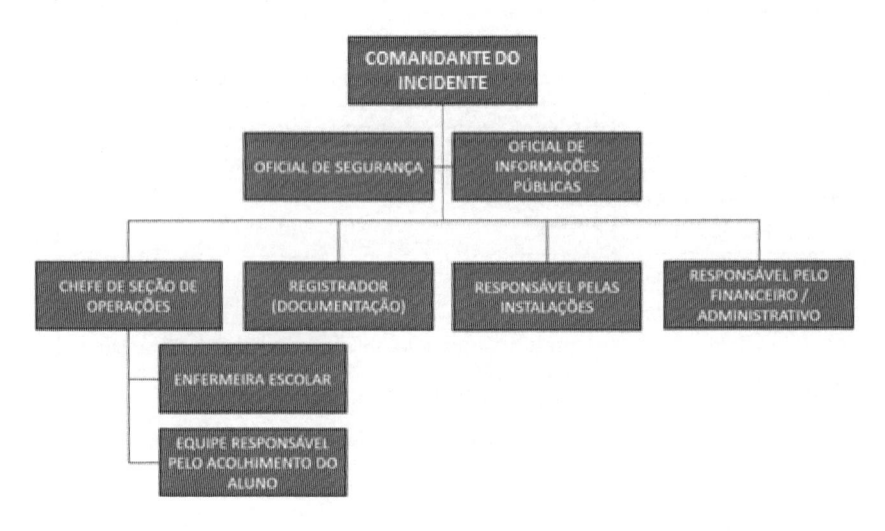

Fonte: os autores.

O SCI opera por meio de uma abordagem modular. O Comandante do Incidente ativa somente as partes necessárias para gerenciar a situação.

Nesse cenário hipotético, apenas uma seção de Estado-Maior, a de Operações, é acionada. A função de Planejamento é executada por um único indivíduo, o Registrador. A Logística é cuidada por uma pessoa, um membro da equipe de instalações. A função Financeira/Administrativa é desempenhada por outra pessoa, localizada no distrito escolar e não no local do incidente. Da mesma forma, os papéis de Comandante, Oficial de Segurança e Oficial de Informação Pública são assumidos por indivíduos únicos.

É interessante notar a amplitude de controle presente nessa estrutura SCI. O Comandante do Incidente tem seis indivíduos que se reportam diretamente: um Oficial de Segurança, um Oficial de Informação Pública, um Chefe de Seção de Operações, um Registrador, um Membro da Equipe de Instalações e um Responsável Financeiro/Administrativo.

A enfermeira da escola e a Equipe de Acolhimento e Responsabilização do Aluno se reportariam ao Chefe da Seção de Operações. Enquanto a Equipe de Proteção e Responsabilização do Aluno é composta por vários professores, um deles seria designado como o Líder da Equipe, encarregado de gerenciar os esforços do grupo.

Uma vez designada como Comandante do Incidente, a pessoa permanecerá nessa função até que o incidente seja encerrado ou até que outro comandante o substitua.

Para incidentes menores, que podem ser rapidamente resolvidos, essa "transferência de comando" pode não ocorrer. No entanto, em incidentes mais complexos, envolvendo socorristas externos, é provável que o controle seja assumido por bombeiros, policiais, serviços médicos de emergência ou outra organização externa. Nesse caso, a escola geralmente passa a desempenhar um papel de apoio ao incidente, mantendo uma ligação com o novo Comandante do Incidente.

5.3 Dinâmica do SCI durante um ataque ativo

Um ataque ativo em um ambiente escolar consiste no pior cenário possível dentro de uma escala de incidentes, e por essa razão a prioridade dos primeiros interventores é impedir o atacante.

Contudo, a natureza e a magnitude do incidente podem demandar abordagens diversas. Não é sempre necessário que todas as unidades formem uma equipe de contato, e isso exige compreensão clara da necessidade de designar líderes que coordenem tarefas.

Em simultâneo à ação dirigida ao suspeito, é crucial que alguém assuma o controle e a liderança, especialmente quando o contato inicial está em andamento. Nesse contexto, é igualmente vital considerar o resgate e o transporte adequado de feridos para cuidados médicos.

Dentro desse contexto, uma vez que os primeiros contatos estejam em andamento e as buscas pelo suspeito tenham começado, é imperativo que alguém assuma o comando e inicie o planejamento interno. Essa é uma etapa crucial para impor ordem ao caos inicial e garantir que as tarefas sejam distribuídas e controladas de forma eficaz. A falta de uma configuração de comando externo nesse ponto não é necessariamente um problema, pois a atenção deve estar concentrada no controle interno da situação.

Na hipótese de recursos suficientes estarem comprometidos com o contato, a implementação do resgate e a coordenação do perímetro externo devem ocorrer. O comando interno deve coordenar suas ações com o sistema de comando externo à medida que a situação inicial se estabiliza. Além disso, é de suma importância promover a liderança em todos os níveis dos órgãos de segurança pública.

A seleção e capacitação de indivíduos com habilidades de liderança robustas e capacidade de tomar decisões sob pressão devem ser priorizadas pelas agências de socorro. Supervisores táticos e membros da equipe devem se envolver no treinamento de líderes de patrulha, já que frequentemente são os primeiros a responder em situações críticas.

Essa abordagem para estabelecer o comando e controle em incidentes de ataque ativo é fundamental para criar uma resposta coordenada e eficaz. Ela se baseia na capacidade de ajustar a estrutura do SCI em tempo real, permitindo adaptações ágeis às mudanças dinâmicas. Assim, essa ação reforça a equipe de intervenção, fornecendo uma resposta robusta e focada na segurança pública.

O emprego da abordagem de construção gradual da organização do SCI, de baixo para cima, provou ser notavelmente mais eficaz em muitos casos. Inicialmente, o primeiro supervisor presente assume um papel central, executando tarefas cruciais para otimizar a eficácia da equipe de intervenção.

Esse supervisor deve atribuir funções específicas aos membros da equipe, designando posições estratégicas na linha de frente, flanco e retaguarda. Essa alocação estratégica visa a maximizar a resposta diante da ameaça iminente.

As primeiras responsabilidades desse supervisor devem estar focadas na tática, localizando a ameaça e neutralizando o atacante. Decisões rápidas e bem informadas são essenciais, assim como a capacidade de assumir responsabilidade por essas escolhas, independentemente das consequências.

Quando uma equipe de quatro ou mais policiais está envolvida na contenção da situação, o papel do supervisor evolui para a liderança e o gerenciamento do local. A coordenação eficaz entre os membros da equipe é fundamental, garantindo a segurança de todos os envolvidos e uma resolução eficaz.

Se uma equipe de contato já estiver estabelecida, o primeiro supervisor presente assume a função de Comandante do Incidente. Dada a urgência associada aos incidentes de ataques ativos, a função desse comandante é de extrema importância.

À medida que a equipe de contato avança para enfrentar o atacante, o Comandante do Incidente começa a organizar a resposta. Decisões cruciais são tomadas com agilidade e precisão, levando em consideração a dinâmica da situação.

Conforme mais supervisores chegam, ocorre uma transição sequencial de comando para os Comandantes Superiores. A rapidez na transferência de comando é vital, pois a resposta inicial define o tom da operação e afeta diretamente a capacidade de salvar vidas.

O estabelecimento imediato do comando é fundamental para permitir uma implantação eficiente de recursos. À medida que mais recursos chegam, a atribuição de funções específicas, a criação de líderes de equipe e o papel do Comandante do Incidente se tornam essenciais para uma resposta coordenada.

Com o aumento contínuo de recursos, a progressão na liderança continua. A nomeação de líderes de equipe e do Comandante do Incidente estabelece uma estrutura sólida. Quando vários líderes de equipe estão designados, o líder geral (Comandante do Incidente) é declarado.

Quando a equipe de contato pode operar de forma independente, é crucial que o Comandante do Incidente assuma o controle para uma transição suave. O comandante se afasta da equipe de contato para exercer controle eficaz sobre o incidente.

Clareza de funções, transições de comando bem coordenadas e uma estrutura organizada são fundamentais para uma resposta eficaz. Adotando esses princípios, o comando e controle atuam para mitigar riscos, salvar vidas e restaurar a ordem, proporcionando uma resposta coordenada e eficaz diante de incidentes de ataques ativos.

A Sinergia da Abordagem "Organização Tática de Baixo para Cima" e o Comando Robusto

Ao amalgamar a abordagem "Organização Tática de Baixo para Cima" com a configuração robusta do comando e controle, emerge uma sinergia poderosa. A liderança enérgica e determinada, em conjunto com uma estrutura de comando transparente, fornece os alicerces para uma resposta orquestrada e alinhada. A alocação cuidadosa de funções específicas, desde a atribuição de posições estratégicas até a aplicação de táticas de neutralização, contribui substancialmente para otimizar o desempenho da equipe de intervenção, maximizando a sua eficácia operacional.

À medida que o cenário se desenvolve, a transição sequencial do comando para Comandantes Superiores garante uma gestão contínua e eficiente. A clareza dos papéis e a transferência ordenada de responsabilidades formam a base sólida para enfrentar incidentes desafiadores com resiliência. A integração da abordagem "Organização Tática de Baixo para Cima" aprimora ainda mais essa estrutura, adicionando flexibilidade e adaptabilidade às operações.

Dessa forma, aprimora-se a resposta a incidentes de ataques ativos por meio da intersecção entre a metodologia de organização tática e a configuração eficaz de comando e controle. O resultado é uma estratégia abrangente e coesa, capaz de enfrentar desafios em constante mutação e proteger a segurança pública com eficácia. A abordagem "Organização Tática de Baixo para Cima" se destaca como uma ferramenta indispensável no arsenal de agências de segurança, capacitando-as para enfrentar com sucesso situações complexas de ataques ativos.

Assim, os profissionais encarregados de responder a esses cenários desafiadores encontram na abordagem "Organização Tática de

Baixo para Cima" uma aliada poderosa. Ao adotar essa ação, as agências estão mais bem preparadas para enfrentar com resiliência e coordenação incidentes complexos de ataques ativos. A ênfase na organização sólida, na comunicação eficaz e na coordenação tática eficiente se traduz em respostas ágeis e adaptativas, mantendo sempre a segurança e a eficiência como pilares fundamentais.

Em suma, a combinação da abordagem "Organização Tática de Baixo para Cima" com a configuração efetiva do comando e controle em incidentes de ataques ativos constrói uma sinergia que fortalece a capacidade de resposta. Ao unir uma liderança ativa e decisiva com uma estrutura de comando clara, essa ação se mostra altamente eficaz para orientar as operações.

A coordenação precisa e a agilidade proporcionadas por essa abordagem adaptativa garantem que as equipes de intervenção possam enfrentar os desafios mais complexos, protegendo a segurança pública de maneira eficiente e eficaz.

Os seis Imperativos: Estruturando a Resposta em Incidentes com Ataques Ativos

Os seis Imperativos oferecem um guia estruturado para orientar a resposta em incidentes com ataques ativos, fornecendo uma abordagem clara e eficaz para coordenar esforços em situações de alto estresse.

1. **Avaliar a Situação**: o primeiro passo essencial é avaliar a situação de forma precisa. Isso inclui determinar se o incidente está ativo e identificar claramente a Área Quente. Essa avaliação inicial estabelece o tom para a resposta. Comunicar de maneira transparente a todos os envolvidos sobre o *status* atual do incidente e a localização da Área Quente é fundamental para alinhar as ações.

2. **Estabelecer Comando**: o Comandante do Incidente deve assumir efetivamente o controle da situação e buscar compreender plenamente os detalhes. A liderança do comando deve ser móvel, permitindo que esteja onde a ação é mais necessária, mantendo a todo tempo uma visão abrangente da situação.

3. **Criar uma Área de Preparação** [31]: estabelecer uma área de preparação desde o início é uma medida crítica para garantir a eficácia da operação. É fundamental criar essa área em um local seguro e distante da Área Quente desde o início do incidente. Tal área não deve, contudo, ser confundida com o posto de comando; e, em incidentes policiais críticos, deve estar sempre separada. Essa medida evita a sobrecarga do Comandante do Incidente, pois o processo de alocação e implantação de recursos a partir da área de preparação tende a ser dinâmico e ruidoso, interferindo no trabalho de tomada de decisões que envolvem risco à vida. Evitar áreas de preparação segregadas para diferentes equipes é fundamental para eliminar confusões e garantir a comunicação clara e fluida.

4. **Estabelecer Perímetros**: uma ação crucial é a definição de perímetros. O Comandante do Incidente deve nomear líderes para supervisionar tanto o perímetro interno quanto o externo da cena e atribuir tarefas e recursos específicos a esses líderes. Isso é vital para manter o controle dos limites da cena, prevenindo a expansão da ameaça e garantindo a segurança das equipes. Esses líderes designados serão responsáveis por coordenar recursos de maneira eficaz em

---

31. A área de preparação é um local específico que reúne todos os recursos disponíveis em um único lugar, facilita a aquisição de consciência situacional e os mantêm prontos para implantação no teatro de operações. (FAGGIANO; MCNALL; GILLESPIE, 2011).

suas áreas específicas, assegurando uma comunicação direta e clara. Cada perímetro deve ter um único ponto de contato para garantir a coordenação eficaz.

5. **Solicitar Recursos**: o Comandante do Incidente deve solicitar recursos adicionais de forma adequada, incluindo órgãos de segurança pública, bombeiros, serviços médicos de emergência e recursos especializados.

6. **Manter Responsabilidade**: o registro atualizado de todas as unidades e suas atribuições deve ser mantido. Isso é crucial para evitar conflitos de comunicação e garantir a utilização eficaz de todos os recursos disponíveis.

A adoção dos "Seis Imperativos" como diretrizes para responder a incidentes de ataques ativos estabelece uma abordagem clara, organizada e coordenada. Ao avaliar, estabelecer comando, preparação e perímetros, solicitar recursos e manter responsabilidades claras, a resposta pode ser conduzida de maneira eficaz, mesmo em situações extremamente desafiadoras.

"

Clareza de funções,
transições de comando
bem coordenadas e
uma estrutura organizada
são fundamentais para
uma resposta eficaz.

Capítulo 6

Resposta policial em ataques ativos

Ensina Norton (2018)[32] que "a fase de resposta se inicia quando uma crise aciona a resposta policial numa tentativa de se trazer ordem ao caos". E, antes de analisarmos a resposta policial propriamente dita, faremos uma contextualização do ambiente em que o policial atua.

Para realizar a resposta quando da ocorrência desse tipo de incidente, o Estado desencadeará todo um sistema multidisciplinar na busca de uma resolução aceitável, tendo protagonismo nesta fase os órgãos policiais. As prioridades da polícia em ataques ativos são, nesta ordem, cessar de forma urgente a ação homicida do causador do incidente e socorrer os feridos.

A exigência de atuação imediata da polícia, para que sejam atingidas essas prioridades no menor prazo possível, provoca uma convergência de expectativas em torno dos policiais que realizarão a resposta direta; nesse caso, os primeiros interventores que compõem a equipe de contato. No entanto, se olharmos para a duração média de um evento de atirador ativo em comparação com o tempo médio de resposta da polícia, o tempo continua sendo o grande inimigo (LIEBE, 2023).

Sobre isso, foi realizado um estudo dos ataques ocorridos nos EUA de 2000 a 2013, onde foi possível determinar a exata duração de 63 desses ataques, sendo observado que 44 (69,8%) se encerraram em cinco minutos ou menos, e destes, 23 (37%) terminaram em dois minutos ou menos (BLAIR; SCHWEIT, 2014).

---

32. Travis Norton é Tenente veterano do Departamento de Polícia de Oceanside (EUA), com grande experiência tática e contribuições na área de Gerenciamento de Incidentes Críticos.

Outro estudo aponta que as pessoas são vitimadas logo durante os primeiros minutos do ataque, onde um tiro é disparado num intervalo de quatro a quinze segundos com uma taxa de acerto em torno de 50%, e conclui que, em muitos ataques, a polícia nos EUA chega ao local tarde e com excesso de policiais (BORSCH, 2007).

Tais dados, que bem demonstram a compressão de tempo, nos levam à conclusão de que os incidentes críticos de ataque ativo se iniciam e se encerram dentro do momento do caos, motivo pelo qual a prioridade dos Primeiros Interventores é agir (ANDRADE, 2023).

Ainda, a maioria dos Primeiros Interventores alvejados no atendimento de Ataques Ativos é vitimada nos momentos da chegada à ocorrência. Observamos nos resultados o seguinte: 60% dos policiais foram baleados no início de um evento de ataque ativo antes de aplicarem o procedimento próprio para ataque ativo (BLAIR, 2022).

A resposta policial consiste, portanto, no pronto emprego de uma equipe multidisciplinar de policiais com funções e responsabilidades distintas dentro do incidente, merecendo destaque por serem aqueles que estão em contato direto com as vítimas, a equipe de contato e o atendente de emergência.

A equipe de contato é composta pelos policiais que primeiro chegam ao local e que consistem nos primeiros interventores. São os policiais que atuarão diretamente contra o causador do incidente. Sua missão prioritária é a de localizar e cessar da forma mais urgente possível a ameaça em curso.

O atendente de emergência é aquele que recebeu o chamado de uma pessoa envolvida em um ataque ativo através do telefone de emergência. Sua missão é tentar obter informações essenciais à atuação das equipes que se encontram no local.

A atuação desses protagonistas de forma síncrona é uma tarefa complexa, especialmente no início de um incidente, onde se verifica o momento do caos citado por Norton, e que, segundo Racorti (2019), é o início do incidente num determinado espaço temporal e geográfico, que se encontra confuso, em desordem, com poucas informações e com escassez de recursos que, se não estabilizados, podem levar a efeitos imprevisíveis.

6.1 Momento do caos

O estudo do momento do caos tem suas origens no nevoeiro de guerra de Clausewitz (2017)[33] e retrata a dificuldade de tomada de decisões durante o combate, pois, segundo ele, "o nevoeiro poderia impedir que o inimigo fosse visto a tempo, que um canhão atire quando deveria atirar e que uma informação chegue ao comandante".

Somado a isso, deve-se levar em conta que um ataque ativo integra a escala dos incidentes de baixa probabilidade de ocorrência e alto impacto, conforme ilustram Aguilar *et al.* (2017):

Fonte: Aguilar *et al.* (2017).

---

33. Carl von Clausewitz foi um General, estrategista militar e teórico prussiano que é amplamente reconhecido por sua obra "Da Guerra", um tratado seminal sobre a teoria da guerra e estratégia militar.

Tais eventos são descritos por Taleb (2021)[34] como cisnes negros, pois estão fora do âmbito das expectativas comuns. Contudo, exercem um impacto extremo quando de sua ocorrência, fazendo com que se desenvolvam explicações posteriores para o ocorrido, tornando-o explicável e previsível.

Essa característica é importante, pois como se trata de um evento de baixa probabilidade de ocorrência, é previsível que a maioria do efetivo das forças de segurança não possua experiência prática na resposta a tais incidentes, mas tão somente instruções e treinamentos.

Considerando essa realidade suscetível à ocorrência de falhas, que afetam o andamento de toda a crise, Norton (2018) realizou um estudo para identificar os principais erros cometidos pelas forças de segurança, por meio de uma pesquisa qualitativa de 15 relatórios pós-ação, para verificar como se deu a resposta policial nos primeiros 60 minutos de um incidente.

Ele esclarece que o objetivo principal de seu trabalho é prevenir que esses erros ocorram novamente e assim propiciar uma melhora na resposta policial em ataques ativos. Uma vez que os erros mais comuns foram identificados, os dados foram utilizados para formular estatísticas da porcentagem em que ocorreram na seguinte conformidade:

a) problemas no comando do incidente em 93% dos casos, tais como a falta de clareza na identificação do comandante do incidente e falha em estabelecer comando e controle, o que acaba conduzindo a um atraso na coordenação da resposta e gera outros problemas;

b) autoemprego inapropriado em 87% dos casos; consiste na ação independente de um indivíduo em um incidente sem a habilidade de intervir imediatamente numa situação em andamento ou sem solicitação da jurisdição no comando,

---

34. Nassim Nicholas Taleb é um escritor, ensaísta, estatístico e ex-operador financeiro libanês-americano conhecido pela sua série de livros intitulada "Incerto".

o que ocasiona em aumento do risco aos policiais no local e incremento do caos;

c) estacionamento indiscriminado de viaturas em 67% dos casos, versa sobre a obstrução das vias de acesso a outros níveis de resposta ao incidente, dificultando o acesso ao local da crise;

d) problemas na unificação do comando em 67% dos casos, em que, após cessar a ação homicida, os primeiros interventores precisavam unificar o comando para socorrerem os feridos, porém isso não ocorre;

e) problemas na comunicação em 80% dos casos, em que se verificaram falhas na interoperabilidade e comunicação supérflua na rede de rádio;

f) problemas de planejamento em 53% dos casos, em que se constataram falta de planejamento prévio, de autoridade para decidir e coordenação mútua.

O autor, então, passa a expor algumas recomendações e adverte que sua implementação exigirá uma mudança cultural para muitas polícias e uma liderança forte.

- As polícias devem avaliar seus sistemas de resposta e procurar áreas de melhorias, que podem ser obtidas por meio de relatórios compilando as lições aprendidas nos eventos. Os líderes devem garantir que não ocorra perda desta memória organizacional.

- Para contornar o fato de que eventos críticos são incomuns, o SCI deve ser utilizado em operações cotidianas de forma que se tornem parte da cultura organizacional.

- Uma melhora na implantação do comando de incidentes auxiliará a mitigar a ocorrência de outros erros que possam vir a ocorrer. As polícias devem também participar de treinamento em cenários imitativos da realidade e exercitar a tomada de decisões.

Nesta mesma esteira, para elucidar a realidade do policial que atua como primeiro interventor, Andrade (2023) conduziu uma pesquisa de campo com policiais militares que efetivamente atuaram em incidentes críticos de ataque ativo ocorridos no Estado de São Paulo. A pesquisa teve a intenção de se verificar em quem consiste na realidade o primeiro interventor, a atuação policial no momento do caos, a capacidade de resposta do efetivo e a maior dificuldade por ele enfrentada.

Foi definida uma amostra intencional, que consistiu nos policiais militares que efetivamente atuaram como primeiros interventores em ataques ativos durante o momento do caos, ou seja, não foram considerados aqueles que atuaram como o primeiro interventor quando o incidente se estabilizou e se tornou estático. Dessa forma, foram detectados três eventos com essas características, consistindo a amostra em dez policiais militares do Estado de São Paulo.

Foram obtidos os seguintes dados:

a) Quanto ao posto e à graduação dos policiais:

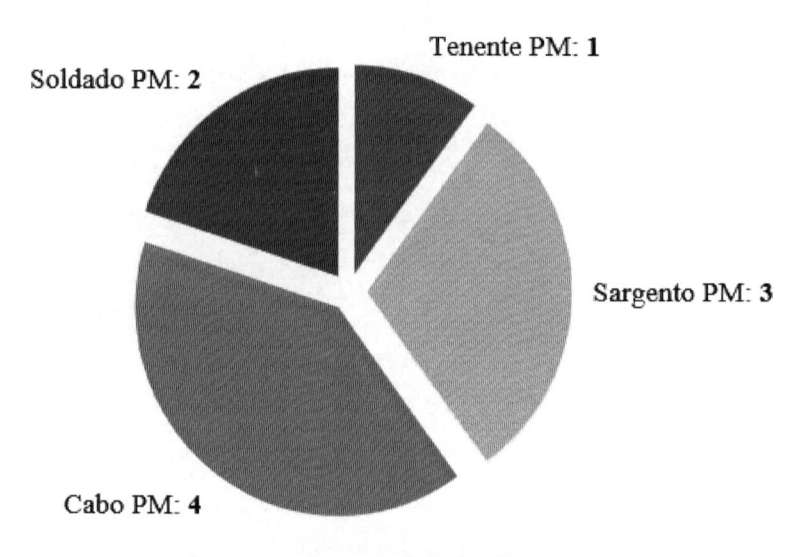

Fonte: Andrade (2023).

b) Quanto ao tempo de serviço na PMESP:

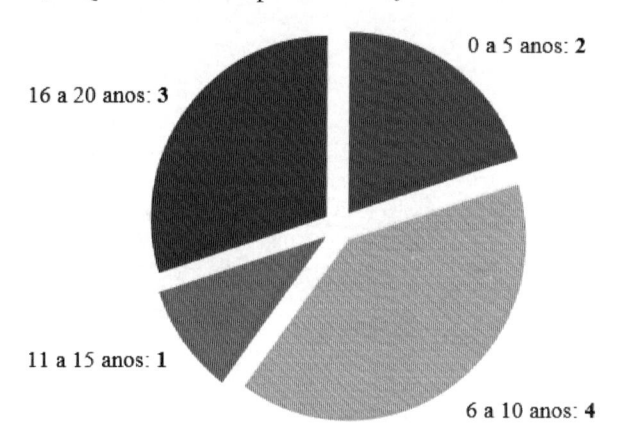

Fonte: Andrade (2023).

c) Quanto à modalidade de policiamento que integravam[35]:

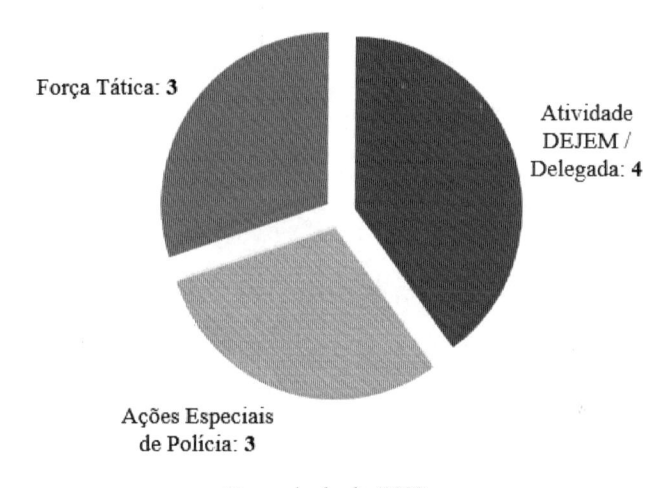

Fonte: Andrade (2023).

---

35. As Atividades DEJEM e Delegada integram a Matriz de Policiamento Preventivo, que têm o propósito de oferecer melhor percepção de segurança e qualidade de vida às pessoas, por meio do controle de indicadores criminais e atendimento das chamadas de emergência. Já o Policiamento de Força Tática e de Ações Especiais de Polícia integram a Matriz de Apoio Tático e Ações Especiais de Polícia, cujo contingente é dotado de capacitação, treinamento, armamento e equipamento próprio para a execução de apoio tático à Matriz de Policiamento Preventivo em ocorrências cuja complexidade ou intensidade ultrapassem a capacidade de resposta daquela matriz.

d) Quanto à tomada de ciência do ocorrido:

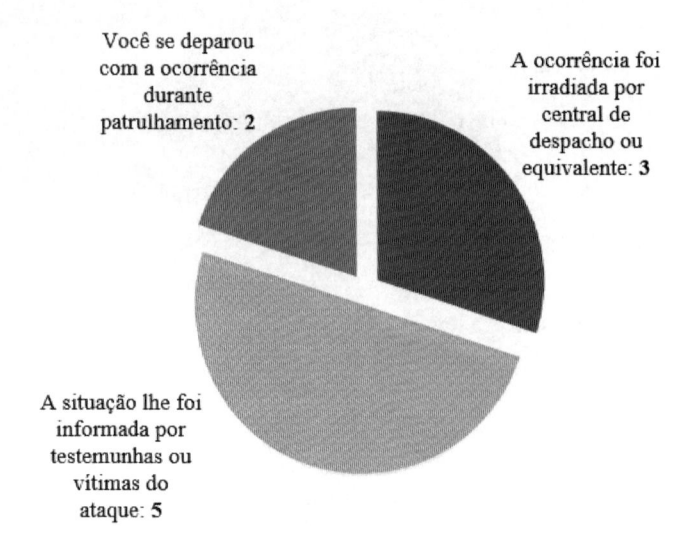

Fonte: Andrade (2023).

e) Quanto ao tempo para chegada ao local:

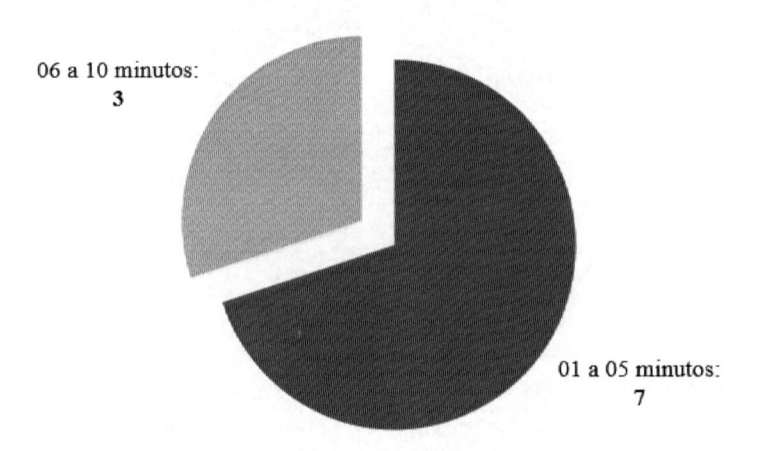

Fonte: Andrade (2023).

f) Quanto à precisão das informações denunciadas:

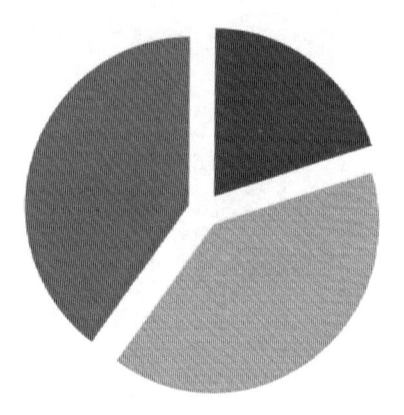

Os fatos se deram
completamente
diferente do que
fora narrado: **4**

Os fatos se deram
exatamente
conforme narrado:
2

Os fatos se deram
parcialmente
conforme narrado:
4

Fonte: Andrade (2023).

g) Quanto ao EPI à disposição:

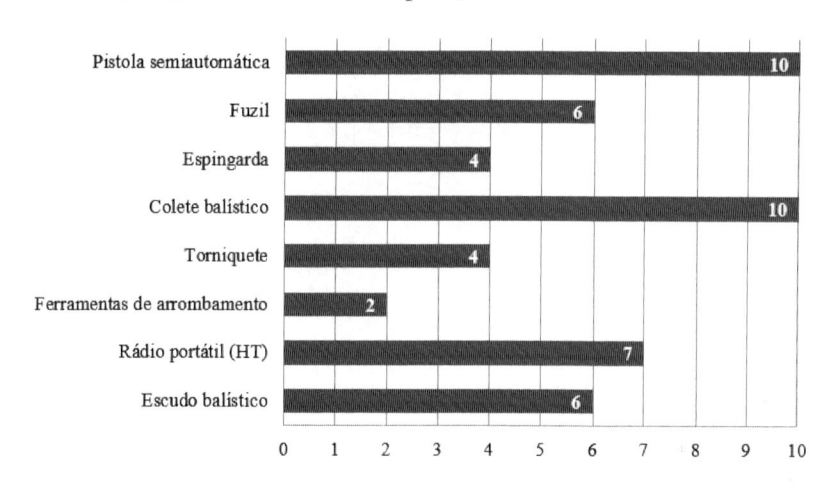

Fonte: Andrade (2023).

h) Quanto à maior dificuldade enfrentada pelo primeiro interventor:

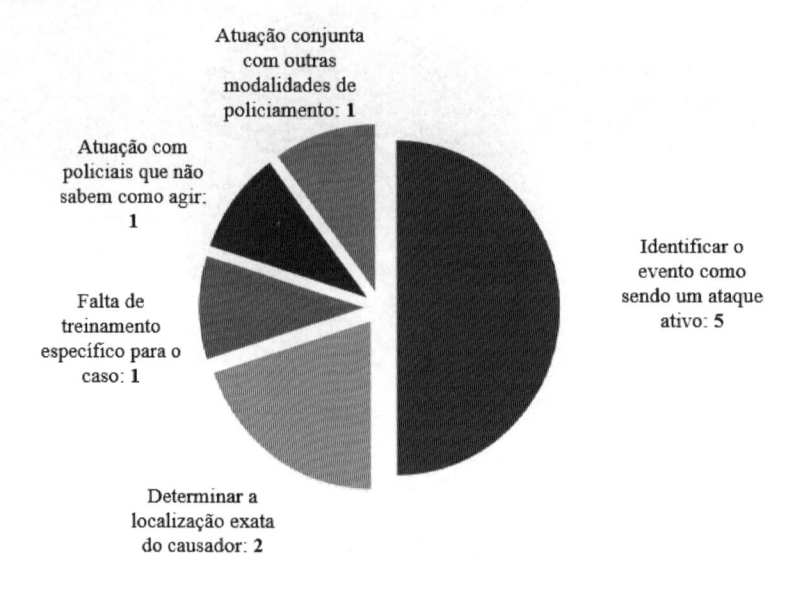

Fonte: Andrade (2023).

Análise dos dados

Como esperado, pela natureza da distribuição do efetivo e pela maior quantidade de policiais que desempenham funções de execução, verifica-se que a maioria dos primeiros interventores consistia em cabos e soldados com menos de dez anos de serviço.

A doutrina de emprego de ativos por parte da PMESP propicia que tropas especializadas estejam mais próximas à realidade operacional, e, consequentemente, atuem mais rapidamente na ocorrência de um incidente crítico, por isso se verifica o protagonismo de equipes de apoio tático na resolução deste tipo de incidente. Tal doutrina contrapõe-se ao emprego das equipes de SWAT, nos EUA, que não se encontram inseridas no ambiente operacional e necessitam de acionamento para atuar.

Na maioria dos casos, a viatura foi cientificada da ocorrência diretamente pela sua inserção no ambiente operacional. Novamente percebe-se que a estratégia institucional de emprego de ativos encontra-se acertada, pois na sua maioria propiciou a chegada rápida e o contato direto entre os primeiros interventores e o epicentro do incidente crítico.

Em regra, a situação narrada não correspondia exatamente ao que ocorria no local, ficando aqui evidenciadas a fase de incerteza e imprecisão de informações, conforme o citado no momento do caos.

Todos os policiais militares possuíam colete de proteção balística e pistolas semiautomáticas à sua disposição, enquanto todos que integravam a matriz de Apoio Tático tinham ainda à sua disposição fuzis e escudos balísticos. Verifica-se que todos possuíam plenas capacidades de resposta.

No que tange à maior dificuldade encontrada pelos primeiros interventores, verifica-se que sete relatos consistem em problemas de aquisição da consciência situacional decorrentes do momento do caos. No caso, foram pontuadas a dificuldade de identificar o evento como sendo um ataque ativo e a determinação da localização exata do seu causador. Isso ocorre pela incerteza e a falta de informações no início de um incidente crítico, dificultando assim a atuação da equipe de contato.

É notável que, mesmo se tratando de um incidente crítico de alta complexidade, não se verificaram dificuldades de atuação dos primeiros interventores no que tange a dois problemas comuns em incidentes críticos nos EUA, tais como as dificuldades de comunicação e de comando.

Considerando-se, portanto, este contexto, em que os policiais serão inseridos, a seguir serão expostos alguns princípios para auxiliar a equipe de contato e o atendente de emergência na fase de resposta.

6.2 Equipe de contato

Departamento de Polícia de Miami (CBS News, 2023).

A abordagem ao assunto aqui realizada é baseada em princípios e conceitos, respeitando a doutrina de atuação de cada força de segurança, não sendo objeto desse trabalho a discussão de procedimentos empregados por qualquer equipe tática ou grupo de Primeiros Interventores que exercem seu trabalho regularmente, tampouco visa a convencer alguém da superioridade de uma tática sobre outra ou propor mudanças a qualquer tática já empregada.

Como foi visto, a Equipe de Contato é formada pelos primeiros policiais que chegam ao local do incidente, que serão aqueles que realizarão a atuação direta contra o seu causador.

Ao chegarem ao local, os membros da equipe são confrontados com a necessidade de entender esse cenário completamente confuso. Após reconhecer o problema, a grande dificuldade será compreender o que está acontecendo. Isso influenciará diretamente na forma de resposta policial, pois caso o incidente seja classificado como estático, deverão ser adotadas medidas iniciais de contenção e isolamento, ao passo que, se for classificado como dinâmico, devem ser adotadas medidas urgentes para neutralização da ação homicida. Vidas estão em risco e possivelmente serão perdidas se os Primeiros Interventores demorarem muito para determinar com que tipo de situação estão lidando ou se aplicarem apressadamente o tipo incorreto de resposta.

Uma maneira simples de identificar rapidamente qual tipo de situação se está enfrentando é fazer a seguinte pergunta: Há evidência confiável de que um atacante está matando pessoas ativamente ou que suas ações estão impedindo que a atenção médica chegue às vítimas gravemente feridas? Se a resposta à pergunta for "sim", então existe uma situação de ataque ativo e os Primeiros Interventores devem tomar medidas imediatas para interromper a matança e impedir a morte.

Tais evidências confiáveis se apresentam geralmente na forma de disparos de arma de fogo, pessoas gritando e pedidos de socorro. Ressalta-se que vítimas eventualmente feridas não devem ser socorridas pela equipe de contato, pois irá retardar a sua ação e indiretamente contribuir para a produção de mais vítimas.

Por neutralizar a ação homicida, entende-se localizar o ponto exato do causador do evento e cessar a sua ação o mais rápido possível. Isso pode incluir seu confinamento em um local onde sua capacidade ofensiva seja reduzida (por não ter acesso a vítimas) ou sua neutralização com o uso da força (letal ou não) por parte do policial que com ele se depara. Tendo sido encerrada a ação homicida e verificando-se que os policiais não foram feridos, podem então passar para a fase de socorro às vítimas.

A seguir serão abordados conceitos e princípios aprendidos durante operações táticas complexas de segurança pública. Eles irão reverter a vantagem tática em favor dos Primeiros Interventores e permitir que eles neutralizem até mesmo os atacantes mais perigosos.

Ficar juntos tanto quanto possível

As situações de ataque ativo são caóticas e repletas de várias tarefas urgentes que precisam ser concluídas. É importante resistir ao impulso de uma equipe de contato "dividir para conquistar" para concluir tarefas simultaneamente. Por exemplo, se uma equipe de quatro policiais perceber que precisa investigar uma pessoa suspeita em uma extremidade de um corredor não limpo, mas há uma vítima que necessita de um torniquete na outra extremidade do corredor, a equipe pode ser tentada a se dividir em duas de dois membros cada e realizarem ambas as tarefas simultaneamente.

No entanto, se eles fizerem isso, e o atacante sair de uma sala entre as duas equipes, ninguém poderá responder sem colocar em perigo seus próprios parceiros. Outro motivo para permanecerem juntos como uma Equipe de Contato é evitar problemas de prioridade de fogo. Existe um problema de prioridade de fogo quando a equipe de contato se espalha, possivelmente porque um policial está se movendo mais rápido que os outros. Se a equipe for engajada pela frente, o instinto natural é que todos os policiais atirem de volta na direção da ameaça, com os policiais na parte de trás da equipe tentando compensar para que seus tiros não atinjam seus parceiros na frente. Infelizmente, o policial da frente não pode ver os que estão atrás dele e, se ele se mover repentina e lateralmente por qualquer motivo durante o tiroteio, pode adentrar diretamente na linha de fogo de seu parceiro.

Em contrapartida, uma equipe que adere estritamente ao princípio de permanecer unida, e próxima, pode facilmente evitar problemas com a prioridade de fogo; enquanto o policial mais próximo da ameaça começa a atirar, todos os policiais mais distantes da ameaça movem-se rapidamente (ombro a ombro) com o policial mais próximo da ameaça, antes de se juntarem aos disparos.

Em vez de pensar em sua equipe como quatro Primeiros Interventores individuais trabalhando juntos, deve se pensar em sua equipe como um carro blindado com quatro torres para fornecer proteção em todas as direções. O carro blindado só pode ir a um lugar por vez, então, a equipe deve priorizar as tarefas e realizá-las uma a uma, em conjunto. Depois que todas as ameaças conhecidas são neutralizadas, equipes maiores podem se dividir em equipes menores para concluir as inúmeras tarefas subsequentes necessárias, a fim de parar as mortes.

Como os policiais manobram agressivamente para isolar, distrair ou neutralizar uma ameaça de ataque ativo, sua proteção vem principalmente do fogo de retorno eficaz e não de se esconder atrás de uma cobertura rígida. Esse conceito é conhecido como o ABC da cobertura: a proteção mais eficaz do *Responder* contra os disparos recebidos é um alto volume de fogo de retorno preciso, seu próximo nível de proteção é o colete balístico e sua opção final é ficar atrás da cobertura rígida.

Manter a cobertura de segurança de 540 graus

Embora os responsáveis pela primeira resposta policial devam tentar obter o máximo de informações possível sobre o(s) atacante(s) antes de chegar ao local, é provável que os relatórios iniciais de inteligência sejam limitados e imprecisos. Essa falta de inteligência confiável em relação ao número de atacantes e suas descrições torna crítico para os Primeiros Interventores manterem uma consciência elevada de seus arredores o tempo todo enquanto estão dentro da zona quente.

A maioria dos incidentes de ataque ativo envolve apenas um atacante. No entanto, o objetivo deste artigo é preparar os Primeiros

Interventores para o pior cenário que eles possam encontrar, o que incluiria vários atiradores e até mesmo um ataque coordenado por vários criminosos. Uma chave para o sucesso nesse tipo de ambiente é que os responsáveis pela primeira intervenção observem o(s) invasor(es) antes de serem observados por eles. As equipes de contato precisam examinar continuamente, de modo visual, todo o ambiente em busca de ameaças, incluindo 540 graus ao seu redor e ângulos altos e baixos.

Os policiais também devem estar cientes da posição dos membros de sua equipe e garantir que nenhum deles seja exposto a áreas de perigo não desobstruídas. Precisam estar mais alertas e procurar ameaças em todas as direções tanto quanto possível.

Comunicação eficaz

A comunicação eficaz é necessária para um trabalho dinâmico em equipe, e o trabalho em equipe eficiente é crucial para que os policiais obtenham uma vantagem tática sobre o(s) invasor(es). As agências policiais regionais devem treinar continuamente juntas a fim de estabelecer protocolos de rádio para uso durante a resposta do ataque ativo de várias agências.

Mesmo com os melhores planos, as comunicações de rádio geralmente não são confiáveis durante os primeiros minutos de um ataque, devido a um volume extremamente alto de tráfego de rádio, indivíduos usando canais diferentes, além de fatores ambientais. Os policiais devem estar familiarizados com o seu plano de comunicação regional, mas também estar preparados para responder de forma eficaz, mesmo sem comunicações de rádio confiáveis.

A chave para uma comunicação eficaz em uma situação caótica é mantê-la simples. Os policiais devem usar linguagem simples (não palavras codificadas), aproximar-se o máximo possível da pessoa com quem estão se comunicando e manter suas frases curtas e concisas. Depois de dar uma mensagem, o policial deve procurar a confirmação de que a parte pretendida recebeu e entendeu a mensagem.

Os policiais devem usar apenas sinais de mão e braço que sejam simples e comumente compreendidos. A comunicação verbal é geralmente a maneira mais eficaz de se falar com alguém com quem você nunca trabalhou antes. Fale de forma clara e concisa, mas apenas tão alto quanto necessário para ser ouvido por seus colegas de equipe. O "Grito Tático" não é necessário, e apenas alertará o atacante sobre a sua abordagem e revelará a sua posição.

Se as comunicações de rádio não forem confiáveis, pode ser necessário usar pessoas para entregar mensagens. Por exemplo, após uma equipe de contato de quatro pessoas neutralizar o atacante, poderá ser necessário, caso não consigam alcançar o comando no rádio, manter dois policiais com o atacante e as vítimas, enquanto os outros dois localizam o comando e entregam a mensagem pessoalmente.

O conceito-chave a ser lembrado é que as tarefas críticas necessárias para salvar vidas devem continuar até serem concluídas, mesmo que a comunicação por rádio não seja possível.

Avaliação de limiar: áreas visualmente limpas antes de entrar nelas

Para policiais dentro de uma situação de ataque ativo, é vantajoso limpar visualmente as áreas antes entrar nelas fisicamente. Ao escanear sistematicamente uma área antes de adentrá-la, os policiais podem obter informações importantes para ajudar a coordenar o seu próximo movimento. A limpeza visual também permite que os policiais observem e enfrentem uma ameaça a uma distância maior e por trás de algum grau de cobertura e/ou ocultação. Embora existam várias técnicas eficazes de limpeza visual, para simplicidade e consistência, sugerimos a Avaliação de Limiar (também chamada de "Fatiar a Torta").

Para realizar uma avaliação de limiar, o policial permanece fora do limite e, começando em um lado da porta, limpa sistematicamente, de modo visual, a parte aparente da sala; então se move em um padrão semicircular através do limiar enquanto limpa visualmente cada nova porção da sala à medida que ela se torna visível. A ilustração demonstra uma sequência de avaliação de limiar. A cada movimento lateral, mais ângulos se abrem para observação ou ação decisiva.

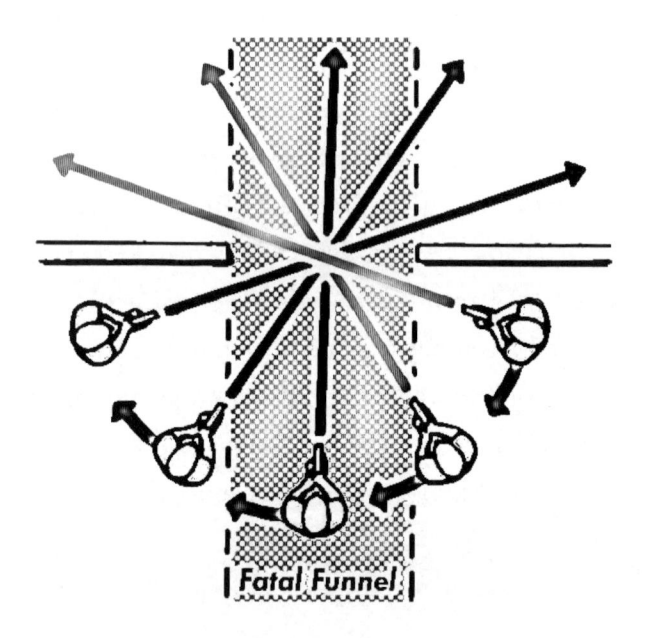

Operador em avaliação de limiar (UF Pro, 2021).

Se uma ameaça mortal for observada, o policial é capaz de engajar a ameaça com força letal, enquanto permanece parcialmente protegido pelo limiar. Se indivíduos desarmados forem observados durante uma Avaliação de Limiar, o policial dá comandos apressados para colocar os indivíduos em posição de desvantagem (ou seja, ajoelhados de frente para a parede, com as mãos na cabeça); então, termina a Avaliação de Limiar e faz a entrada.

Perspectiva térrea do primeiro interventor em Avaliação de Limiar prestes a engajar a ameaça em treinamento. (Atlanta Journal-Constitution, 2022).

Ao conduzir uma Avaliação de Limiar, o policial deve tentar manter uma distância de 15 cm dele. Essa lacuna aumenta a capacidade do policial de reagir, de modo apropriado, se alguém sair inesperadamente da sala diretamente à sua frente; pode ser o atacante ou uma vítima tentando fugir. Por isso, é fundamental que o policial tenha o tempo e a distância necessária para observar cada indivíduo e reagir adequadamente.

Embora realizar uma liberação visual antes de fazer a entrada seja geralmente mais seguro do que entrar essa verificação, há certas situações em que é mais seguro fazer a entrada sem diminuir a velocidade para realizar uma liberação visual, ou seja, corredores com várias portas abertas adjacentes e/ou opostas.

Os policiais devem fazer a seguinte pergunta para ajudá-los a decidir se uma limpeza visual é apropriada em uma determinada situação:

o perigo potencial para minha equipe é maior dentro da sala em que estou prestes a entrar ou em minha atual localização? Se o perigo para a equipe for percebido como maior dentro da sala, uma limpeza visual deve ser feita antes da entrada. Porém, se o perigo maior ocorrer em sua localização atual, uma entrada imediata deve ser realizada em uma área com menor nível de perigo percebido.

Velocidade de Movimento: mova-se na velocidade apropriada para as circunstâncias atuais

Em um incidente de ataque ativo, tempo é igual à vida. Quanto mais rápido a ameaça for eliminada e as vítimas gravemente feridas transportadas para um Centro Médico, mais pessoas serão salvas.

Dito isto, se os Primeiros Interventores correrem para uma situação ante a qual não estão preparados para lidar, provavelmente se tornarão vítimas e o relógio continuará correndo enquanto o atacante segue a atirar em pessoas e as vítimas gravemente feridas continuam a sangrar até a morte.

Os Primeiros Interventores devem, pois, perceber que não há uma "velocidade certa" de movimento para uma resposta a ataque ativo. Em vez disso, os policiais hão de reavaliar constantemente suas circunstâncias atuais e ajustar a sua velocidade adequadamente. Por exemplo, os primeiros que atravessam um grande campo de futebol para chegar à escola secundária adjacente podem optar por correr pelo campo, porque suas pistolas não são eficazes para longo alcance e, por conseguinte, a velocidade é sua melhor defesa contra um atirador portando um fuzil.

À medida que os policiais se aproximam da localização presumida do invasor, eles devem continuar a se mover com propósito, mas também caminhar suave e silenciosamente e se mover apenas o mais rápido possível para disparar com precisão e processar as informações.

Os Primeiros Interventores devem considerar o conceito de Força Motriz16 ao decidir a velocidade de movimento mais apropriada a qualquer momento durante uma resposta de ataque ativo. As três velocidades conhecidas neste caso são:

- *Sprint* (**corrida**): Essa velocidade é usada durante Bounding Overwatch (vigilância limitada) e em outros momentos quando o atacante está fora do alcance efetivo da arma do policial, mas o policial pode estar dentro do alcance efetivo da arma do atirador. Exemplos: policial utilizando pistola (50 m) e atirador com fuzil (300 m); ou policial utilizando fuzil (300 m) e atirador com rifle de precisão (+1000 m). Se estiver correndo com uma pistola, ela deve estar fora do coldre, caso uma ameaça inesperada dentro do alcance apareça repentinamente, mas não há necessidade de tentar manter o cano estável e apontado para a ameaça. O objetivo principal durante a corrida é mover-se o mais rápido possível de cobertura a cobertura até que o atacante esteja dentro do alcance efetivo da arma do policial. Enquanto se corre, é importante que o policial mantenha o dedo fora do gatilho e evite apontar o armamento a outros operadores de segurança pública ou civis inocentes.

- *Direct-to-striker* (**direto para o atacante**): Esta velocidade está entre uma caminhada rápida e uma corrida. É usada dentro do local do ataque quando os policiais têm motivos para acreditar que uma morte ativa está ocorrendo e eles têm ciência disso; direcionam-se, então, para a localização do atacante. A velocidade direta para a ameaça é mais suave do que a velocidade de *sprint* e os policiais precisam manter seus canos apontados para frente a fim de poderem enfrentar o atacante com relativa precisão se ele aparecer repentinamente.

- *Researcher* (**pesquisador**): Esta velocidade é uma caminhada de ritmo médio, muito suave e silenciosa. É usada quando uma equipe de contato está cobrindo os últimos metros antes de chegar ao local presumido no qual o atacante se encontra. Nessa velocidade, o cano da arma do policial deve estar estável e permitir tiros precisos. Essa também é a velocidade usada pelos policiais para iniciar uma busca sistemática no prédio se não houver força motriz presente para levá-los ao local do atacante.

Equipamento de Resposta Rápida (Go Bags)

Foto: *Blue Sheepdog.*

Ter o equipamento certo à mão dentro de um local com Atirador Ativo provavelmente significará a diferença entre a vida e a morte de um policial e daqueles que ele/ela está tentando salvar.

Os incidentes do ataque ativo se desenrolam com extrema rapidez e não haverá tempo para reunir o equipamento após o início do tiroteio, a menos que tal equipamento tenha sido previamente preparado e colocado em um local de fácil acesso.

Os itens mais cruciais para incluir em uma bolsa são: munição extra, equipamento de arrombamentos, lanterna, luzes químicas para marcar locais de localização de explosivos e áreas desobstruídas, marcadores/post-its para assinalar salas desocupadas, espelho para vasculhar espaços rastejantes e sótãos.

Equipamentos médicos adicionais a serem considerados em malas maiores incluem: maca compacta, vários torniquetes (aprovados pelo TCCC e/ou TECC), luvas médicas, tesouras para traumas, gaze (Kerlix), bandagens (Ace ou Coflex), selos torácicos, manta espacial e gaze de combate infundida com agente hemostático.

6.3 Atendente de emergência

Centro de Comunicações de Emergências do Texas (Houston Chronicle, 2022).

Não obstante a importância da equipe de contato, que atua diretamente contra o causador do incidente, a resposta policial não é composta somente por ela, e muitas vezes, a não ser que policiais de patrulha se deparem diretamente com o ataque, o primeiro policial a ser acionado é o atendente do telefone de emergência.

Reconhecendo uma chamada de ataque ativo

É indispensável que o atendente esteja familiarizado com o termo ataque ativo, que é um incidente crítico dinâmico em que um ou mais indivíduos estão ativamente motivados a matar indiscriminadamente o maior número possível de pessoas em determinado local, podendo fazer uso de quaisquer meios à sua disposição (RACORTI; ANDRADE, 2023a).

Isto porque as chamadas recebidas pela central de emergência apresentarão as características contidas no conceito. Em um ataque ativo não há outra conduta criminosa associada, o único objetivo do causador é a produção de vítimas. Também não é necessário o emprego de armas de fogo, podendo ser utilizados outros meios. No Brasil, a grande maioria dos ataques é realizada por apenas um causador, geralmente em escolas, e muitas vezes com emprego de armas brancas.

Para identificar rapidamente uma chamada de ataque ativo, a ALERRT recomenda atentar-se aos seguintes sinais:

a) **Fluxo repentino de chamadas para o telefone de emergência**: por exemplo, durante o turno de serviço, cuja média de ligações habitualmente seria baixa, passam a chegar inúmeras ligações simultâneas;

b) **Chamadas aparentemente não relacionadas, formando um padrão em torno de um local central**: por exemplo, um solicitante nas proximidades de uma escola que relata disparos ou pessoas correndo, ou diversas ligações oriundas de imediações de um mesmo local, formando um padrão;

c) **Chamadas de linha aberta com disparos em segundo plano, mas sem que o solicitante fale**: os solicitantes podem estar em perigo e incapazes de falar; deve-se, então, atentar para o ruído de fundo e fazer perguntas como "Você está ferido? Nesse caso, aperte um botão no seu telefone".

d) **Informes de incêndio ou explosão formando um padrão em torno de um local**: muitas vezes as pessoas permanecem no estado de negação em vez de relatar que alguém está atirando. Podem relatar algo como fogos de artifício ou transformadores explodindo;

e) **Solicitações de civis armados**: nunca deve ser cadastrada uma ocorrência com um solicitante armado, e tampouco este deve ser incentivado a atuar contra o causador, devendo então ser mantido na linha até que os policiais cheguem ao local, e também fornecidas as suas características na rede para que não seja confundido com o atacante.

Em um evento de ataque ativo, a central de emergência poderá receber mais chamadas do que pode processar com facilidade, tornando a triagem de vital importância. Dessa forma, se um solicitante não tiver informações que possam auxiliar na resposta da equipe de contato, o ideal é cadastrar suas informações de contato e encerrar a chamada.

Só deve ser mantido contato contínuo com solicitantes que possam ter informações em tempo real que beneficiem os primeiros interventores. Devemos lembrar que quaisquer decisões ou ações que não contribuam para interromper rapidamente um ataque ativo, ou após isso, como transportar os feridos graves para o atendimento definitivo, são apenas uma perda de tempo que as vítimas não têm.

Lidando com um solicitante de ataque ativo

Como foi visto, as pessoas em um evento altamente estressante tendem a entrar em pânico, congelar, ou, conforme descobriu Amanda Ripley (2009), é mais comum que neguem sua ocorrência. A autora nos ensina que as três fases de resposta comumente vistas são a negação, a deliberação e o momento decisivo.

- **Negação**: a recusa em acreditar que o evento está realmente acontecendo é devido à permanência das pessoas num viés de normalidade. É muito importante passar rapidamente da fase de negação para a deliberação;

- **Deliberação**: as pessoas devem analisar a ameaça e sua localização, e em seguida decidir sobre o melhor curso de ação. Isso parece simples, mas, sob estresse extremo, as habilidades normais de processamento cognitivo estão prejudicadas. O atendente de emergência pode ajudá-las a manter a calma através da desaceleração da respiração;

- **Momento Decisivo**: uma vez que um curso de ação foi decidido, o solicitante deve se comprometer com essa ação com todo o seu esforço. Para ajudá-lo a fazer isso e evitar que ele entre em pânico e congele, deve ser orientada a mudança de emoções, transformando o medo em raiva do atacante e da situação por ele criada.

Por meio da conversa do atendente de emergência com o solicitante, este pode ser orientado por etapas, que podem salvar a sua vida e a de outras pessoas. O atendente não deve permitir em hipótese alguma que o solicitante se coloque em risco. Se o solicitante estiver perto de um atirador, este deve ser orientado a permanecer em silêncio enquanto o atendente o escuta e obtém mais informações.

Será um desafio obter do solicitante as informações necessárias com rapidez e precisão, pois o estresse e o terror farão com que seja difícil para ele pensar com clareza. O atendente deve permanecer calmo e fazer com que sua voz tranquilize e oriente o solicitante.

As informações prioritárias a serem obtidas durante a chamada com o solicitante são as que dizem respeito ao fornecimento de orientações de segurança às vítimas e à localização do atacante.

Alguns exemplos de perguntas a serem formuladas ao solicitante:

- Onde você está?
- O que você ouviu?
- Quem está na sala com você?
- Você pode fugir?
- Você pode fazer uma barricada na sala em que está?
- Você apagou as luzes?
- Você ou alguém perto de você está ferido?
- Seu celular está no modo silencioso?
- Quantos atacantes existem?
- Onde está o atacante agora?
- Como ele (s) se parece (m)?
- Quais são as armas utilizadas?
- Eles estão usando colete ou equipamento de estilo militar?
- Eles estão usando algo na cabeça, como capacete ou máscara?
- O atacante disse alguma coisa? Se sim, o que disse?
- Eles chegaram em um veículo? Qual é?
- Eles estão indo embora? Em caso afirmativo, como?

A assistência do atendente de emergência é importante para fornecer opções de sobrevivência às pessoas em pânico, a fim de que possam minimizar sua exposição à ameaça e ganhar tempo para que os primeiros interventores cheguem ao local. Ao fazer isso, também devem ser explicadas as prioridades de atuação da equipe de contato.

Isso porque é importante que todos entendam que, se um ataque ativo estiver em andamento e houver informações relevantes sobre a localização do atacante, a equipe de contato deverá contornar as vítimas para que possa atuar diretamente contra o causador do incidente. Uma vez que não haja mais risco insuportável à vida de inocentes, as demais providências relativas ao incidente podem ser realizadas.

Um ataque ativo irá atrair a resposta de diversos profissionais e modalidades de policiamento de diferentes agências policiais. Policiais em trajes civis, em serviço ou não, correm alto risco de serem confundidos com um atirador ativo por testemunhas, solicitantes e primeiros interventores.

Há três coisas que o atendente pode fazer para ajudar o policial que está atuando em trajes civis:

- Obter a melhor descrição possível do policial em trajes civis e transmiti-la imediatamente, fazendo com que os primeiros interventores confirmem o recebimento das informações;
- Obter a localização mais atual do policial em trajes civis e replicá-la várias vezes, repetindo o processo até que os primeiros interventores façam contato;
- Se o policial em trajes civis estiver ao telefone, mantê-lo na linha até que os primeiros interventores façam contato pessoal.

Coordenação com os primeiros interventores

A coordenação do atendente de emergência com os primeiros interventores pode ter um grande impacto no resultado de um ataque. Tal coordenação deve ser conduzida de forma rigorosa, pois no início de um incidente crítico sempre se verifica a existência do chamado momento do caos, que se caracteriza pela confusão, desordem e escassez de recursos e informações iniciais, que se não estabilizados podem levar a efeitos imprevisíveis (RACORTI, 2019).

Essa coordenação tem como objetivo o estabelecimento de consciência situacional e de uma Imagem Operacional Comum (IOC) do incidente crítico. A consciência situacional destina-se a fornecer ao operador uma visão e uma descrição do incidente, enquanto a IOC cria uma compreensão compartilhada para aprimorar a coordenação e favorecer a sinergia institucional no processo de tomada de decisão, porque cada componente ou escalão é capaz de compreender e contribuir de acordo com o entendimento comum (HEAL, 2002).

Além da citada coordenação, considerando-se o caos no início do incidente, os primeiros interventores dependerão de treinamento e experiências anteriores para reconhecer e reagir às ameaças atípicas. Dadas as suas características, as ameaças presentes em ataques ativos exigem uma resposta multidisciplinar, envolvendo polícia, bombeiros e serviços médicos de emergência, que devem realizar planejamento e treinamento prévios de forma conjunta (FRAZZANO; SNYDER, 2014).

Na busca de uma resposta multidisciplinar eficaz e eficiente, a força motriz é utilizada como norte para auxiliar os primeiros interventores no local a determinar prioridades e tomar decisões durante um ataque ativo. As informações colhidas pelo atendente de emergência são uma das fontes mais importantes de força motriz para os primeiros interventores e pode ajudá-los a fazer as melhores escolhas disponíveis.

Se não houver sinais óbvios de um ataque ocorrendo, os primeiros interventores podem optar por usar seu tempo e seus recursos procurando o atacante, que pode já ter deixado o local, ou estabilizando os feridos. As informações fornecidas pelos solicitantes subsidiam esse processo decisório.

Para determinar a força motriz, os primeiros interventores precisam de subsídios que podem ser definidos pela sigla ICAR: Informações, Condições, Ações e Recursos.

- **Informações**: as informações podem vir de muitas fontes diferentes. O atendente de emergência provavelmente será a primeira fonte de informação. Ao coletar dados, deve lembrar-se de que os solicitantes estão sob estresse e pressão. As informações fornecidas por diferentes solicitantes do mesmo evento podem variar muito, e, uma vez no local, os primeiros interventores verificarão as informações por meio de observação e contato com as pessoas;
- **Condições**: assim como na coleta de informações, os primeiros interventores verificarão as condições por meio de observação e contato pessoal com as vítimas. Eles podem ouvir tiros, dentro ou fora, e visualizar pessoas correndo ou deitadas no chão;
- **Ações**: as ações podem consistir em alguém atirando ou o atacante se tornando estático por converter o incidente numa tomada de reféns. A força motriz varia de acordo com a evolução do incidente, devendo os primeiros interventores adequar a resposta à ameaça percebida no local. Por exemplo, um ataque ativo necessita de ação urgente para que seja cessado, porém se não for observado o risco insuportável à vida das vítimas através da ação homicida, a nova força motriz passa a ser proteger a área imediata e socorrer as vítimas;
- **Recursos**: os recursos desempenharão um papel importante na forma como as tarefas críticas são realizadas. Quanto mais recursos estiverem disponíveis, melhor algo poderá ser feito, porém, a maioria dos primeiros interventores

experimentará deficiência de recursos nos primeiros minutos. O tempo deve ser considerado como um desses recursos, pois, devido à gravidade da situação, não há margem para seu desperdício.

A ideia de comando e controle de incidentes geralmente evoca um fluxograma organizacional extremamente vasto. Porém, não é esse o caso, já que o primeiro interventor pode e deve realizar diversas tarefas que são próprias do comando de incidentes, principalmente no que tange ao processo decisório nos momentos iniciais, pois, naquele momento, somente ele é capaz de ver e ouvir o que realmente está acontecendo.

O despachador desempenha um papel vital no auxílio dos primeiros interventores, pois os profissionais no local têm as informações diretas sobre o que realmente está ocorrendo, mas também podem ficar sobrecarregados com a cena, enquanto o despachador permanece resguardado dos fatores ambientais e das distrações causadas pela exposição direta a perigos.

Todo profissional de emergência, seja policial, bombeiro ou integrante de serviços médicos de emergência, independentemente de sua posição funcional ou seu tempo de serviço, precisa ser treinado para ser capaz de decidir. As situações não esperam que apareçam pessoas ou cargos específicos. Elas simplesmente acontecem. E quem responde primeiro deve ser treinado para coordenar a resposta. Contudo, com a evolução do incidente e a chegada ao local de policiais de nível de supervisão ou especializados, o comando deve ser transferido a eles.

A coordenação de recursos entre polícia, bombeiros e serviços médicos de emergência é essencial e ocorre melhor quando todos os elementos de comando estão no mesmo local. Eles devem estar lado a lado e poder falar sobre quais recursos são necessários e como melhor aplicá-los. A palavra-chave aqui é a interoperabilidade.

O despachador deve direcionar as equipes de resposta para que assim seja evitado o problema de superconvergência de recursos, o que apenas complica o esforço de resposta. Quando os policiais se deslocam ao local por si mesmos, o comando não consegue direcionar recursos para as tarefas mais imediatas, e as pessoas acabam ocupadas com tarefas menos urgentes. Isso ocorre pois todos estarão ansiosos para buscar uma resolução. O papel do despachador é ajudar a direcioná-los, para que seus esforços sejam despendidos da melhor forma possível.

O equilíbrio entre a segurança dos socorristas e a ação de salvar vidas é um cálculo essencial que garante uma correta avaliação das capacidades táticas e logísticas contra os perigos de um ataque (FRAZZANO; SNYDER, 2014).

Intervenções de primeiros socorros precisam ser empregadas rapidamente, porém fornecem apenas uma estabilização limitada dos feridos, que devem ser transportados para um nível superior de atendimento o mais rápido possível. Por isso, os bombeiros e os socorristas de saúde devem estar envolvidos nesse processo, pois assim estarão familiarizados com os protocolos estabelecidos.

O tratamento definitivo no centro médico apropriado é o ideal, mas, às vezes, prontos-socorros que não possuem suporte adequado são designados para receber os pacientes com trauma. Eles podem precisar estabilizar as vítimas enquanto aguardam o transporte para o centro cirúrgico adequado.

O despachador deve coletar a capacidade atualizada de leitos dos prontos-socorros da área à medida que o evento se desenrola, e comunicar essas informações aos serviços médicos de emergência no local. Os hospitais podem até ser capazes de dizer quantos pacientes podem receber de acordo com cada nível de trauma.

"

Em um incidente
de ataque ativo,
tempo é igual à vida.

Capítulo 7

O caminho da violência

Este capítulo deseja apresentar, com base em estudos realizados entre 1966 a 2020, nos Estados Unidos, em seis etapas, os passos que levam a atos de extrema violência em ataques escolares que, infelizmente, vêm crescendo no Brasil. Um dos pontos fortes é a prevenção por meio da atenção a reclamações básicas dos alunos que são ou julgam ser vítimas de preconceitos sociais ou passam por problemas de relacionamento amoroso capazes de desencadear o caminho para a violência.

Ainda que haja entre os autores de ataques pessoas com transtornos mentais, estes nem sempre são os protagonistas da ação violenta. Daí a importância de ações preventivas que ajudarão a minorar, mas nem sempre impedir a ação, pois devemos contar com a liberdade humana como fator-surpresa. Isso, no entanto, não deve ser um fator de desestímulo em nossas ações preventivas capazes de preservar vidas.

Este estudo deseja ser um modelo que visa a identificar as etapas que uma pessoa percorre ao se aproximar de um plano de violência direcionada. O termo "violência direcionada", por sua vez, abrange atos violentos dirigidos à fonte percebida da queixa. Não se refere a simples brigas entre alunos no refeitório ou *bullying* nos corredores. Em vez disso, envolve a internalização da justificação para um ataque planejado, pesquisado e direcionado à fonte da queixa. Em situações extremas, o indivíduo pode até considerar a violência extrema como resposta racional a uma questão primordialmente pessoal.

A violência direcionada à comunidade escolar é um fenômeno alarmante e preocupante, que tem um impacto devastador tanto para as vítimas quanto para a sociedade como um todo. Com efeito, ataques perpetrados dentro do ambiente escolar deixam marcas profundas e sequelas duradouras em todos os envolvidos, desde os estudantes e professores até os pais e as comunidades locais. Esses eventos traumáticos não apenas abalam a sensação de segurança e confiança dentro das escolas, mas também geram consequências psicológicas, sociais e emocionais que reverberam muito além do ambiente escolar imediato.

Os ataques nas escolas exigem uma análise detalhada e estratégias eficazes para a prevenção do ato e mitigação das consequências. Nesse contexto, o conceito de "caminho para a violência", desenvolvido por Calhoun e Weston (2003)[36], surge como uma estrutura útil para os profissionais de inteligência protetora, permitindo-lhes entender, identificar e detectar comportamentos associados a um ataque intencional ou direcionado. Esse modelo enfatiza a necessidade de compreender as etapas e atividades que os atacantes percorrem antes de realizar o ataque, possibilitando, assim, a identificação de vulnerabilidades de seus planos e a consequente tomada de medidas preventivas.

Em essência, a avaliação de ameaças não tem o propósito de prender, suspender, expulsar ou tomar medidas legais contra alguém. O verdadeiro objetivo da avaliação de ameaças é interromper o processo pelo qual uma pessoa está avançando no caminho da violência e redirecioná-la para um desfecho diferente por meio de intervenções e apoio positivos. Em determinados casos, um aluno pode ter se envolvido em comportamentos que poderiam justificar uma suspensão,

---

36. John B. Calhoun foi um etólogo e ecologista comportamental americano conhecido por suas pesquisas sobre comportamento. James Weston é um psicólogo social que colaborou com John B. Calhoun para desenvolver e aplicar a Teoria do Colapso Social no contexto humano.

mas a equipe de suporte acredita que essas condutas podem evoluir para um evento desencadeador que levaria o aluno à violência.

De acordo com uma análise realizada pelo serviço secreto dos EUA sobre violência escolar direcionada, os atacantes envolvidos em 41 ataques contra escolas K-12[37], de 2008 a 2017, apresentaram uma variedade de fatores motivacionais. Não foi possível identificar um perfil específico do aluno atacante, nem um padrão quanto ao tipo de escola escolhida para a ação. Os atacantes frequentemente manifestavam sintomas psicológicos, comportamentais ou de desenvolvimento, além de demonstrarem interesse em tópicos violentos. Um ponto relevante é que a maioria dos invasores experimentou estressores sociais relativos a seus relacionamentos com colegas e/ou parceiros românticos, bem como enfrentou dificuldades na vida doméstica. Além disso, muitos foram vítimas de *bullying*, algo observado por outras pessoas. O estudo enfatizou a importância de se prestar atenção aos comportamentos preocupantes desses indivíduos, que muitas vezes comunicavam suas intenções antes de realizarem os ataques.

7.1 Fases do caminho da violência

Por meio do próprio caminho da violência torna-se possível antecipar as ações dos atacantes, promovendo uma resposta mais rápida e efetiva a fim de proteger a comunidade escolar. Além disso, amplia a compreensão sobre os indicadores e os comportamentos exibidos pelos potenciais autores antes de cometerem um ataque, o que é, sem dúvida, muito salutar para os interventores.

---

37. Designação norte-americana para o intervalo, em anos, abrangido pelo Ensino Primário e o Ensino Secundário na educação dos Estados Unidos.

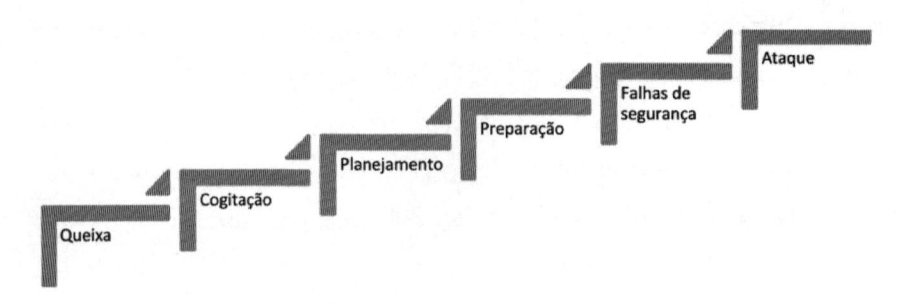

Fonte: Calhoun e Weston (2003, tradução nossa).

O modelo gráfico propõe que as pessoas "não apenas atacam" ou realizam atos de violência direcionada de forma impulsiva, mas que os ataques são o resultado de um processo discernível que pode ser dividido em seis etapas distintas, conforme veremos a seguir.

Queixa: desvendando os gritos que precedem a violência em ataques escolares

De acordo com este modelo, a primeira etapa do caminho que leva a um ataque começa com uma queixa. De que tipo? Algumas são de natureza pessoal, como *bullying* na escola ou rejeição romântica. Outras podem ser de natureza mais geral, como a narrativa da supremacia branca, ou seja, de que os brancos estão sendo substituídos por imigrantes, ou, então, a narrativa jihadista de que o Islã está sendo atacado por "judeus e cruzados", como ocorre em parte dos ataques nos Estados Unidos.

Em muitos casos, os atacantes adotam narrativas gerais, como ideologias extremistas, tornando-as pessoais, e intensificando, assim, suas queixas, que podem ter origem em problemas pessoais que se agravam e acabam se fundindo com narrativas fantasiosas mais amplas.

A exteriorização da queixa pode ser exibida de vários modos: por fala hostil, sarcástica ou amarga dirigida aos supostos inimigos abrangidos pela pessoa, conhecidos como grupo externo (embora frequentemente haja vários erros), piadas, esboços e desenhos inapropriados, escritos e outros meios de expressão.

Os tipos de livros lidos, *sites* visitados, canais de mídia social e *feeds* em que participam também podem refletir essa reclamação. Olhares duros e outras expressões corporais não verbais e comportamentos agressivos dirigidos a membros do(s) grupo(s) externo(s) também podem indicar uma queixa. A pessoa que está reclamando, além disso, pode tentar recrutar outras pessoas que considera membros de seu "grupo interno", para fazê-las abraçar a sua ideologia. Essas tentativas de recrutamento podem ser abertas ou sutis, dependendo do indivíduo e da narrativa fantasiosa em foco.

Em casos envolvendo sujeitos instáveis, as queixas podem ser aparentemente irracionais ou delirantes. Por exemplo, uma crença de que outra pessoa ou organização está controlando a mente do(a) ofendido(a) ou que ele(a) é o "verdadeiro parceiro ou cônjuge" de uma celebridade.

Um exemplo claro de ataque em escola, que teve indícios de reclamação anterior, ocorreu na cidade de Suzano-SP, em março de 2019. Nesse caso, dois ex-alunos, um jovem de 17 e outro de 25 anos, planejaram e executaram um ataque violento em uma escola pública.

Os atacantes, no caso, compartilhavam uma narrativa de ódio e clamores de um dia realizarem um ataque com o objetivo de causar medo e terror. Segundo informações da investigação, os dois indivíduos eram admiradores de atentados em massa ocorridos em outros países e manifestavam interesse em realizar algo semelhante. Antes do dia do ataque, os indivíduos deram sinais de que algo grave estava sendo planejado, como postagens com teor violento e ameaçador nas redes sociais e registros de discussões sobre seus planos com outros usuários *online*.

No dia do ataque, eles adentraram à escola armados com revólveres, machados e artefatos explosivos improvisados, causando a morte de estudantes e funcionários da escola, além de lesões em outras pessoas. Após a ação violenta, os atacantes tiraram as próprias vidas, no mesmo local do crime, quando da chegada dos policiais.

Esse evento trágico é um exemplo claro de como reclamações de teor violento podem evoluir para atos reais de violência direcionada. A análise do caminho para essa violência, nesse caso, mostra como a mera reclamação inicial pode levar a uma progressão de ideias e comportamentos cada vez mais violentos, culminando em um ataque efetivo à escola.

Para facilitar a compreensão do tema, de uma forma simplificada, o extremismo pode ser dividido em alguns grupos, considerando-se a sua motivação:

a) **Extremismo religioso**: baseado em interpretações radicais ou distorcidas de crenças religiosas.

b) **Extremismo político**: fundamentado em ideologias políticas que buscam o extremismo como ferramenta de transformação, abrangendo todo o espectro político.

c) **Extremismo supremacista**: promove ideias de superioridade de determinado grupo étnico, racial, nacional ou cultural sobre os outros.

d) **Extremismo de ódio**: dissemina discurso de ódio, intolerância e preconceito contra grupos com base em características como raça, religião, gênero, orientação sexual etc.

Ressalte-se que tal classificação não é estanque, e os grupos extremistas muitas vezes podem se enquadrar em mais de uma classificação. A história nos contempla com uma infinidade de exemplos, tais como grupos fundamentalistas religiosos autocráticos (extremismo religioso e político); partidos políticos que pregavam a superioridade de um grupo étnico ao passo que disseminava ódio contra outro (extremismo político, supremacista e de ódio); organizações supremacistas que promovem terrorismo doméstico (extremismo político e supremacista); dentre outros.

Para os efeitos deste estudo, o extremismo de maior preocupação no contexto de ataques escolares é o extremismo de ódio, caracterizado geralmente por indivíduos que têm interesse, admiração ou encorajam a prática de eventos de extrema violência.

Os órgãos de segurança de diversos países, ao analisar a atividade na internet, se depararam com uma espécie de agremiação virtual desses indivíduos na forma de uma subcultura, onde disseminam conteúdo violento como a incitação ao suicídio, à automutilação, crueldade com animais e à glorificação de autores de massacres.

Dentre essas subculturas, uma das mais envolvidas em ataques escolares é a *incel*[38], que entende que a atratividade é predeterminada por fatores genéticos, que ditam a aparência física, e estas seriam as principais características que as mulheres consideram atraentes nos homens, e, pelo fato de serem desprovidos de tais atributos, estariam condenados a uma vida de "celibato involuntário". (HOFFMAN; WARE; SHAPIRO, 2020).

Pesquisas demonstram que a visão de mundo *incel* possui uma hierarquia social rígida, imutável e de três níveis, baseada exclusivamente na aparência física. Uma minoria de "machos alfa e fêmeas" estaria no topo; uma maioria de "machos betas", de aparência mediana, no meio; e o grupo exclusivamente masculino e minoritário de *incels*, na parte inferior. (BAELE; BRACE; COAN, 2019).

Essa visão de mundo conduz os integrantes dessa subcultura a acreditar que o emprego de violência é uma opção viável para atender suas queixas, sendo exemplos disso o ataque no Campus da Universidade da Califórnia, nos EUA, em 2014; e o ataque com atropelamento de pedestres em Toronto, no Canadá. Em ambos os casos foi verificada a radicalização dos seus causadores.

---

38. Acrônimo de *involuntary celibates*, traduzido como celibatário involuntário.

Outra subcultura associada a ataques escolares é a *True Crime Community*[39], que é composta por pessoas que se interessam e se reúnem *on-line* para comentar sobre crimes reais, buscando uma melhor compreensão da natureza humana. Contudo, tal comunidade atraiu a presença de diversas pessoas que possuem fascínio pelos criminosos, que celebram a ocorrência de ataques no mundo.

No segundo bimestre de 2023, meses que englobam os aniversários dos ataques de Realengo, Suzano e Columbine, membros da subcultura TCC promoveram uma série de ameaças, tentativas e ataques contra escolas no Brasil. Foi desencadeada, então, a Operação Escola Segura, que contou com a participação integrada de 51 delegacias de investigação e 89 agências de inteligência das Polícias Civil e Militar dos Estados, na qual, de acordo com dados do Ministério da Justiça e Segurança Pública, foram efetuadas 368 prisões e/ou apreensões de crianças e adolescentes, 1.595 crianças e adolescentes e/ou suspeitos foram conduzidos; 901 solicitações de preservação e remoção de conteúdos em plataformas de redes sociais, gerando 3.396 boletins de ocorrência e um total de 2.830 casos em investigação. (MJSP, 2023).

Cogitação ou Ideação Violenta: a construção obscura dos atos de violência

A segunda etapa é a ideação violenta, na qual a pessoa começa a nutrir pensamentos de ferir ou matar o indivíduo contra o qual ela tem uma queixa, ou seja, membros do(s) grupo(s) externo(s). Essa etapa representa um momento crítico, pois é quando as reclamações de violência podem evoluir para um planejamento mais concreto, para uma ação real. Com o passar do tempo, as queixas podem evoluir para

---

39 Traduzido como comunidade de crimes reais.

fantasias violentas, como "gostaria de machucar as pessoas que me rejeitaram" ou "não mereço ser tratado assim, e eles pagarão por isso".

Por exemplo, um indivíduo que adota ideologias extremistas pode desenvolver fantasias violentas direcionadas a grupos étnicos. Inicialmente, suas ideias podem ser apenas baseadas em sentimentos de inferioridade ou medo da "invasão cultural". Com o tempo, essas fantasias podem se tornar mais extremas, envolvendo pensamentos de violência e vingança contra membros desses grupos étnicos.

Um exemplo de ideação violenta, que culminou em um ataque em escola, no Brasil, ocorreu no Rio de Janeiro-RJ, em abril de 2011. Nesse incidente trágico, um ex-aluno de uma escola, de 23 anos, invadiu o colégio armado com dois revólveres e uma pistola. Ele atirou contra alunos e funcionários, deixando 12 estudantes mortos e vários outros feridos.

O atacante demonstrava sinais de ideação violenta e apresentava histórico de comportamento problemático e isolamento social. Ele expressava ideias perturbadoras e fantasias violentas, inclusive através de um diário em que deixou registrado o desejo de realizar um massacre na referida escola.

Antes do ataque, o autor chegou a entrar em contato com uma emissora de televisão local, explicando suas motivações e declarando seu desejo de se vingar de pessoas que ele acreditava terem sido responsáveis por seu isolamento e sofrimento durante os anos em que frequentou o colégio.

Esse ataque chocou a nação e trouxe à tona questões cruciais sobre prevenção da violência nas escolas. O caso destacou a importância de identificar precocemente os sinais de alerta e a necessidade de se estar atento à reação comportamental para lidar com indivíduos que apresentem ideação violenta ou que possam estar passando por problemas de saúde mental.

Planejamento: criação de planos concretos em ataques escolares

A terceira etapa no caminho da violência é o planejamento, um estágio crítico em que os indivíduos que desenvolvem ideação violenta começam a transformar suas fantasias em planos concretos para a realização de um ataque. Durante essa etapa, a intensidade das emoções negativas e a sensação de isolamento podem levar tais indivíduos a buscar uma resposta violenta como forma de aliviar suas frustrações ou expressar sua raiva contra a pessoa ou grupo contra o qual eles têm queixas.

Esse estágio do processo envolve a reflexão sobre quem, quando e como cometer um ato violento em resposta a uma queixa. Os atacantes pesquisam alvos e táticas específicas, resultando em um planejamento mais concreto e detalhado do ataque.

Um exemplo trágico de planejamento em um ataque em escola, no Brasil, ocorreu em Janaúba-MG, em outubro de 2017. Nessa ocorrência devastadora, o vigilante de uma creche, de 50 anos, cometeu um ato de extrema violência. O atacante nutria ódio e ressentimento em relação à instituição em que trabalhava, assim como aos colegas e às crianças da creche. Alimentado por fantasias de vingança, ele passou semanas planejando um ataque incendiário.

O plano do ataque envolvia atear fogo no local, causando um incêndio que vitimasse várias pessoas. Ele adquiriu álcool e jogou-o no próprio corpo e nos corpos das crianças presentes na creche, antes de incendiar todo o ambiente. O ataque resultou em várias mortes, incluindo a do próprio causador, que foi impedido por colegas de trabalho e outras pessoas de continuar com sua ação. A tragédia deixou uma profunda marca na comunidade local e no país, chamando a atenção para a importância da prevenção a ataques violentos em ambientes educacionais.

Esse triste exemplo destaca, uma vez mais, a necessidade de identificar sinais de alerta e comportamentos preocupantes, mesmo em locais onde não se espera que ocorram ataques violentos. A prevenção da violência requer ações proativas em todos os níveis da sociedade, incluindo a conscientização sobre saúde mental, a promoção de ambientes de apoio e o fortalecimento das redes de ajuda social para indivíduos em situações de vulnerabilidade emocional.

Preparação: reunindo os elementos para o ataque

A quarta etapa no caminho para a violência é a fase de Preparação. Nesse estágio, o atacante começa a reunir os recursos necessários para executar o planejamento do ataque. Essa fase é crucial, pois representa o momento em que a ideia de violência se materializa em ações concretas, aumentando significativamente o risco de um ataque real.

Um exemplo prático de um possível ataque a uma escola, levando em conta as ideias apresentadas, pode ser ilustrado da seguinte forma: na fase de preparação, o atacante inicia meticulosamente seus planos. Ele começa a pesquisar e coletar informações sobre várias escolas de sua região, buscando identificar possíveis alvos onde possa encontrar jovens do sexo oposto, alimentando sua ideia de vingança contra a sociedade e potenciais objetos de desejo. Procura por pontos fracos na segurança dessas escolas, tais como falhas no sistema de controle de acesso, rotinas previsíveis de alunos e funcionários ou áreas mal vigiadas que lhe permitam maior mobilidade durante o ataque.

Simultaneamente, o autor começa a adquirir os recursos necessários para executar o ataque. Busca obter armas e explosivos clandestinamente, usando canais ilegais ou mercado negro para não levantar suspeitas. Além disso, pode adquirir conhecimento sobre a fabricação de bombas caseiras e outras técnicas de ataque através da internet ou de comunidades extremistas *on-line*, nas quais compartilha suas ideias e encontra apoio para seus planos.

Nessa fase de preparação, o atacante também pode iniciar uma vigilância cuidadosa das escolas-alvo, observando os movimentos de alunos e funcionários, estudando rotas de fuga e identificando possíveis pontos de ataque. Ele pode fazer anotações detalhadas em um diário ou caderno, no qual registra seus pensamentos, planos e possíveis estratégias, alimentando seu sentimento de poder e de controle sobre a situação.

Essa fase de preparação é crítica, pois é o momento em que o autor está reunindo os elementos necessários para efetivar seu ataque. É também uma oportunidade crucial para a detecção precoce e intervenção por parte das autoridades e equipes de segurança escolar. Se sinais de atividades suspeitas forem identificados — como aquisição de armas ilegais, comportamento obsessivo em relação às escolas ou acesso a conteúdo extremista *on-line* —, ações podem ser tomadas para interromper o plano antes que o ataque se concretize.

Um exemplo da fase de preparação no ataque ocorrido em Realengo reforça a importância de estar atento aos sinais de alerta e à fase de preparação do caminho para a violência. Nesse caso, o autor, um ex-aluno da escola, começou a se preparar para o ataque de forma cuidadosa e meticulosa. Ele adquiriu armas de fogo, incluindo dois revólveres e uma pistola, e praticou o manuseio para obter precisão por meio do uso dessas armas. Além disso, também buscou informações sobre o funcionamento e a fabricação de explosivos caseiros.

Antes do dia do ataque, o autor planejou cuidadosamente a invasão da escola e o momento exato em que realizaria sua ação. Ele estudou a rotina da instituição, identificou os locais onde teria maior acesso às vítimas e quais os pontos fracos na segurança do colégio para facilitar sua entrada e minimizar a possibilidade de ser detido antes de concretizar seu intuito. Além disso, registrou suas motivações e ideias violentas em um diário, deixando claro que o seu objetivo era causar o maior dano possível.

Ele expressava seu ódio e desejo de vingança contra pessoas que ele acreditava terem sido responsáveis por seu sofrimento e isolamento durante seus anos de estudo naquela escola.

Esse exemplo reforça a importância de estarmos atentos aos sinais de alerta e à fase de preparação do caminho para a violência. Identificar comportamentos suspeitos, buscar ajuda de profissionais capacitados e estabelecer canais eficazes de denúncia são ações cruciais para prevenir atos de violência em escolas e outras comunidades. A colaboração entre educadores, profissionais de saúde mental, agentes de segurança pública e a própria sociedade em geral é fundamental para detectar e intervir precocemente em situações de risco, garantindo assim a segurança e o bem-estar de todos.

Falhas de segurança: análise, observação e monitoramento dos possíveis alvos

A quinta etapa no caminho para a violência é a fase de Análise e Observação. Nessa etapa, o atacante continua a monitorar de perto possíveis alvos e a reunir informações sobre seus comportamentos, rotinas e vulnerabilidades. Essa fase é crucial, pois permite ao atacante identificar o momento mais propício para executar o ataque e maximizar o impacto de suas ações.

Nesse estágio, o indivíduo busca ativamente por fragilidades que facilitem a realização do ataque. Isso pode envolver identificar locais para a ação, planejar a entrada e a saída após a conclusão do ato violento, e, até mesmo, conduzir uma vigilância final. Além disso, o(s) invasor(es) pode(m) aproveitar essa fase para testar os planos elaborados.

Consideremos um exemplo fictício de um possível ataque em uma escola: na fase de Análise e Observação, um jovem estudante, que vinha planejando um ataque à sua escola, passa a observar de perto seus colegas e professores. Ele presta atenção aos grupos sociais existentes na escola, identificando aqueles que considerava "inimigos" ou responsáveis por seu sofrimento e isolamento.

O atacante também analisa as rotinas diárias dos possíveis alvos. Mapeia os horários de chegada e saída dos estudantes, identifica os locais onde costumam se reunir durante os intervalos e estuda suas atividades extracurriculares. Além disso, ele observa os pontos fracos na segurança da escola, como áreas pouco vigiadas ou falhas no sistema de controle de acesso.

Durante a fase de Análise e Observação, o atacante também prossegue acessando fóruns extremistas *on-line* e comunidades virtuais, nos quais encontra apoio e validação para suas ideias violentas. Ele compartilha informações com outros membros dessas comunidades e busca conselhos sobre como aprimorar seus planos.

Um exemplo real de como a fase de Análise e Observação pode ser evidente em um ataque a uma escola ocorreu em Parkland, na Flórida (EUA), em fevereiro de 2018. O atirador, um ex-aluno da própria unidade escolar, passou meses monitorando e analisando a escola que pretendia atacar.

Ele observou a rotina dos alunos e professores, estudou o *layout* do prédio e identificou pontos de acesso estratégicos. Além disso, compartilhou suas ideias e intenções violentas em *posts* em redes sociais e em fóruns *on-line* extremistas. Durante a fase de Análise e Observação, o atirador também adquiriu armas de fogo legalmente, o que não levantou suspeitas significativas na época.

Ele continuou a manter um perfil discreto e planejou o ataque meticulosamente, escolhendo o dia em que a escola estaria, ao mesmo tempo, mais movimentada e vulnerável.

Essa fase de monitoramento e análise permitiu ao atirador identificar os momentos ideais para executar suas ações, resultando em um ataque devastador que causou a morte de 17 pessoas e ferimentos em muitas outras.

Ataque ou Implementação

Na etapa final da teoria do caminho da violência, também conhecida como Fase de Implementação, o indivíduo avança para a execução do plano e realiza o ataque violento. Nesse ponto crucial, todas as etapas anteriores do caminho se amalgamam, culminando em uma manifestação violenta. A Fase de Implementação é o momento em que ideias, planejamentos e preparações convergem para uma ação violenta concreta.

É nessa fase que o indivíduo coloca em prática o que concebeu durante as etapas anteriores. As queixas, os ressentimentos ou sentimentos de desespero podem ganhar maior intensidade, impulsionando a tomada de medidas violentas como forma de resposta.

Considerando-se a doutrina de gestão de incidentes, na etapa de ataque, as medidas de prevenção não têm sentido, devendo ser adotadas pelas vítimas medidas de mitigação de impacto, como o protocolo evitar, negar e defender apresentado no capítulo quatro.

Como foi demonstrado, os ataques tendem a possuir extrema compressão de tempo, porém, não obstante a sua curta duração, possuem alta letalidade, por isso, como também foi abordado, a ordem de prioridade dos policiais primeiros interventores, quando da realização das medidas de resposta ao evento, será a de neutralizar de forma urgente a ação homicida para posteriormente promover socorro às vítimas. Tais prioridades não podem ser invertidas, pois não é possível socorrer vítimas com uma velocidade maior que o atacante as produz.

7.2 Abordagem preventiva multidisciplinar

A teoria do caminho da violência fornece *insights* cruciais para entender os fatores que podem levar a atos de extrema violência, como ataques em escolas e outras tragédias. Embora muitos desses ataques estejam associados a grupos extremistas ou indivíduos com ideologias violentas, é importante destacar que alguns casos também envolvem problemas de doença mental.

Estudo de Shahid e Duzor (2021), que abrangeu o período entre 1966 e fevereiro de 2020, analisou casos de ataques em massa nos Estados Unidos envolvendo homicídio múltiplo, nos quais quatro ou mais vítimas foram assassinadas. Dois terços dos atiradores em massa tinham um histórico de problemas de doença mental, com taxas mais altas do que 50% da população em geral, o que atende aos critérios para uma doença mental em algum momento de suas vidas. O relatório também constatou que 25% dos atiradores tinham um transtorno de humor, como depressão ou transtorno bipolar, enquanto 27% apresentavam distúrbios de pensamento, como esquizofrenia e psicose, sendo este último número significativamente maior que o da população em geral. Além disso, 23% dos atiradores em massa estavam tomando medicação psiquiátrica.

É importante notar, no entanto, que Peterson e Densley (2022) alertam para a necessidade de cautela ao tirar conclusões sobre a relação direta entre doença mental e comportamento violento, enfatizando que outras circunstâncias e outros fatores podem estar contribuindo para tais resultados.

No Brasil, não existem estudos específicos referentes aos ataques ativos com a mesma abrangência e o detalhamento do estudo realizado por Peterson e Densley (2022), que analisou casos de ataques de homicídio múltiplo entre 1966 e fevereiro de 2020. A falta de dados e pesquisas aprofundadas sobre esse tema torna importante a busca por informações e análises de outros países para entender os fatores associados a tais eventos e elaborar estratégias de prevenção e intervenção eficazes também em âmbito nacional. É necessário incentivar o desenvolvimento de estudos e pesquisas no Brasil para melhor compreender e abordar essa questão, buscando soluções adaptadas à realidade do país.

A já mencionada fase de reclamação pode ser especialmente relevante nesses casos. Indivíduos que enfrentam problemas de doença mental talvez abriguem fantasias perturbadoras e pensamentos violentos, muitas vezes impulsionados por seus próprios sentimentos de desespero, raiva ou isolamento. Essas reclamações podem evoluir para ideação violenta e, em alguns casos, levar a um ataque impulsivo e não planejado.

É importante destacar ainda que a maioria das pessoas com problemas de doença mental não representa perigo para os outros. No entanto, a falta de acesso a tratamentos adequados, o estigma social associado à doença mental e a falta de compreensão sobre a importância do apoio e cuidado podem contribuir para situações extremas como essa.

Abordagem multidisciplinar

Uma abordagem multidisciplinar é fundamental para prevenir atos de violência relacionados a problemas de doença mental. Profissionais de saúde mental, educadores, autoridades e membros da comunidade devem unir esforços para identificar e apoiar indivíduos em risco, oferecendo tratamento adequado e promovendo um ambiente de compreensão e aceitação.

Essa equipe receberá informações a respeito de comportamentos que podem representar ameaças à comunidade escolar e desenvolverá estratégias de atuação para mitigar esses riscos, que podem ser formadas dentro de cada escola ou envolvendo membros de várias escolas com uma área de abrangência maior. A equipe deve se reunir não apenas quando chegar ao seu conhecimento uma situação preocupante, mas também regularmente.

Estudos demonstram que podem existir barreiras para a realização dessa tarefa, tais como acreditar que determinada situação é de responsabilidade somente de outro órgão ou deixar de compartilhar informações relevantes dentro da rede de atenção. (FBI, 2019).

Todas as pessoas que frequentam o ambiente podem e devem auxiliar a rede de atenção, convertendo-se em peças-chave para a prevenção de ataques ativos. Essas pessoas podem ser alunos, amigos, familiares, funcionários, prestadores de serviço ou simplesmente um pedestre que visualiza algo.

Estudos demonstram que essas pessoas são fundamentais na etapa de prevenção, pois, em 81% dos casos de ataques escolares ocorridos nos EUA, o atacante alertou previamente ao menos uma pessoa sobre o ataque; enquanto em 59% dos casos, ao menos duas outras pessoas tiveram alguma informação sobre o evento antes de sua realização. (VOSSEKUIL *et al.*, 2004).

O maior problema reside no fato de que a pessoa que toma ciência de uma informação relevante pode não fazer ideia de sua importância, muitas vezes por não ter presenciado os citados comportamentos preocupantes do atacante em potencial.

Canais de denúncia de comportamentos inadequados

A comunicação das informações relevantes à equipe multidisciplinar é parte essencial da prevenção, e por isso devem ser estabelecidos canais de comunicação e denúncias de fácil utilização, e que permitam que a informação chegue até as pessoas com responsabilidade e autoridade para atuar.

Para que esse mecanismo de informação efetivamente funcione, as escolas devem promover um ambiente de responsabilidade compartilhada através das seguintes ações (FBI, 2019):

- Implantação de um programa de prevenção à violência;
- Estabelecimento de canais de denúncia fáceis de utilizar;
- Criação de políticas internas que encorajem a denúncia de comportamentos preocupantes;
- Providenciar instrução aos funcionários e professores.

Todas as pessoas da comunidade escolar devem ter acesso aos canais de comunicação, com a certeza de que a informação chegará àqueles com autoridade para atuar e que os dados serão tratados de forma profissional e discreta.

Contudo, para que as pessoas possam reportar comportamentos inadequados, devem ser orientadas sobre quais são os sinais de alerta externo de tais comportamentos. Sua observação pode representar oportunidades para atuação precoce e tais comportamentos podem consistir em, mas não limitados, a:

- Comportamento impulsivo ou colérico;
- Ausência de asseio pessoal;
- Dificuldade de relacionamento interpessoal;
- Verbalização de intenções violentas;
- Saúde mental comprometida;
- Ameaças e confrontos;
- Abuso de substâncias;
- Interesse repentino por violência; e
- Ideação suicida. (SILVER; SIMMONS; CRAUN, 2018).

Tais condutas dizem respeito às mudanças nos padrões de comportamento do indivíduo, o que pode ser uma evidência de risco crescente ou acelerado. Eles não podem prever a violência, mas são úteis para auxiliar na avaliação de riscos, fornecendo subsídios sobre em que fase do caminho da violência o indivíduo possa estar.

Análise de risco

A análise de risco é uma atividade complexa. Uma grande quantidade de tempo e estudo é necessária para se desenvolver proficiência. Ela se inicia quando uma ameaça é relatada, devendo ser avaliada levando-se em consideração seu conteúdo, contexto e circunstâncias. Estudos demonstram que na maioria das situações não há qualquer correlação entre uma ameaça direta e um subsequente ato de violência (MELOY; SHERIDAN; HOFFMAN, 2008).

Uma hipótese para explicar tal fenômeno pode se dar pelo fato de que para uma pessoa, que efetivamente pretende cometer um ataque, realizar uma ameaça direta pode ser contraproducente, pois isso desencadeia toda uma sequência de eventos como investigação, medidas de reforço de segurança e vigilância etc. Algumas questões podem, no entanto, auxiliar no processo de análise de risco que uma ameaça oferece:

Há relação entre quem realizou a ameaça e quem a recebeu?

- O método de envio da ameaça sugere proximidade entre o ameaçador e o ameaçado?
- Quantas ameaças foram feitas?
- Há um prazo para o acontecimento dos fatos narrados na ameaça?
- Há significado nas datas ou nos locais informados na ameaça?
- O plano detalhado na ameaça é factível, dado o que se sabe do ameaçador?

- Quais os detalhes conhecidos a respeito da animosidade contra o alvo?

Contudo, deve ser feito o alerta de que não há um perfil demográfico do atacante; qualquer indivíduo tem potencial para se envolver em violência. As equipes de gerenciamento de ameaças devem trabalhar adotando uma abordagem estruturada e baseada em evidências como:

- O que compõe a pessoa como um todo, incluindo seus comportamentos e suas características;
- Qualquer direção de interesse em pessoas, lugares ou questões demonstradas pelo indivíduo em questão;
- O contexto da situação, incluindo reclamação, fatores ambientais e contextuais, ou perdas recentes ou antecipadas;
- O ambiente, incluindo a cultura organizacional e o ambiente físico.

A totalidade das circunstâncias *versus* pontos singulares de avaliação conduzirá o nível final de preocupação mantida por uma equipe de gerenciamento de ameaças. Julgamento humano aplicado a cada fator caso a caso é o único método endossado de avaliação de ameaças de violência.

Ter senso de urgência e saber quando aplicá-lo são habilidades importantes para os gerentes de ameaças da equipe multidisciplinar. A distinção deve ser feita entre os casos que requerem resposta emergencial e aqueles que não. Isso envolverá a capacidade de determinar se um caso em particular justifica um baixo nível de preocupação para risco de violência direcionada, um alto nível de preocupação ou algo intermediário.

Os estressores ou fatores de risco desempenham papel significativo, pois podem amplificar as motivações originais do atacante ou aumentar sua disposição de recorrer à violência como uma solução para essas questões. São realidades existentes sobre a pessoa em questão, e já estão presentes no momento da avaliação de risco, contribuindo para que o atacante em potencial acredite que o uso de violência é justificado e aceitável.

Esses estressores ou fatores de risco podem variar amplamente, e cada caso pode ser único em relação aos elementos que levam à concretização da violência. Podem envolver experiências traumáticas passadas, situações de conflito interpessoal, sensação de injustiça, rejeição social, entre outros elementos que contribuem para a deterioração emocional e psicológica do indivíduo. Senão vejamos:

- **Histórico de violência**: o melhor indicador de violência futura geralmente é o envolvimento em violência passada;
- **Abuso de substâncias**: pode causar ilusões de megalomania, paranoia, irritabilidade e agressividade;
- **Distúrbios ou desordem de personalidade**: paranoia, narcisismo, psicopatia, tendências antissociais significativas ou manifestações de raiva significativas e contínuas;
- **Doença mental grave**: depressão profunda, transtorno bipolar, esquizofrenia ou outros transtornos psicóticos;
- **Histórico suicida**: os pensamentos suicidas refletem a esperança perdida e podem ser acompanhados pela aceitação das consequências por se comportar de forma violenta;
- **Armas**: os ataques com armas de fogo são mais letais, porém as armas brancas são mais acessíveis;
- **Histórico de perseguição, assédio, ameaça ou comportamento ameaçador**: pode indicar baixa empatia, desrespeito geral por regras e desafio à autoridade;
- **Dinâmica familiar negativa**: uma família insalubre pode aumentar o risco, pois caso haja endosso de violência no

âmbito doméstico, a forma como a pessoa em questão enxerga a violência pode ser afetada;

- **Isolamento**: viver em isolamento social priva a pessoa de suporte emocional para enfrentar as dificuldades da vida;
- **Instabilidade**: instabilidade financeira, profissional, familiar ou social pode interferir com a habilidade da pessoa se sentir emocionalmente segura.

No entanto, é importante destacar que nem todos os que enfrentam estressores ou adversidades recorrem à violência como resposta. A violência extrema é um comportamento excepcional e, na maioria dos casos, resultado de uma complexa interação de fatores individuais e sociais. Os atacantes, contudo, constituem uma parcela da população que falharam em lidar de forma adequada e razoável com estressores em suas vidas.

Nem todos os que experimentam estresse ou têm problemas de saúde mental se tornam violentos, assim como nem todos os atos violentos podem ser previstos com precisão matemática. Seu elemento-surpresa é a imprevisível liberdade humana.

7.3 Considerações finais

A teoria do caminho da violência mostra-se uma ferramenta valiosa para compreender os complexos fatores que levam a atos violentos, como os trágicos ataques em escolas e outras instituições. As etapas do caminho da violência, desde a reclamação até a ideação violenta, passando pelo planejamento, preparação, análise e observação e, finalmente, o ataque em si, oferecem uma estrutura para identificar potenciais atacantes e tomar medidas preventivas antes que a violência aconteça.

É crucial reconhecer que, embora muitos ataques estejam associados a grupos extremistas ou ideologias violentas, problemas de saúde mental também podem desempenhar um papel significativo no desencadeamento dessas tragédias. Portanto, uma abordagem multidisciplinar é fundamental para essa complexa questão. Recapitulemos, pois, tudo o que foi apresentado neste capítulo.

A primeira etapa, a Reclamação, muitas vezes envolve sentimentos de desespero, raiva ou isolamento. Nesse estágio, a atenção da comunidade é de extrema importância. Ao criar um ambiente acolhedor e solidário, podemos ajudar a identificar indivíduos em risco e oferecer suporte psicológico adequado, buscando evitar que as fantasias evoluam para ideação violenta.

A segunda etapa, a Ideação Violenta, requer a participação ativa de profissionais de saúde mental. A detecção precoce de ideações violentas e o acesso a tratamento adequado podem ser essenciais para prevenir que essas ideias se transformem em planos concretos de ataque.

A terceira etapa, o Planejamento, exige que a comunidade e as autoridades de segurança trabalhem juntas. O monitoramento de comportamentos suspeitos, a identificação de sinais de planejamento e a intervenção oportuna são vitais para evitar que os atacantes obtenham os recursos necessários para executar seus planos.

A quarta etapa, a Preparação, demanda uma análise cuidadosa dos ambientes escolares e comunitários. A colaboração entre educadores, profissionais de saúde mental e a comunidade em geral é essencial para garantir a segurança de todos os envolvidos.

A fase de Análise e Observação requer uma avaliação constante dos sinais de alerta e comportamentos preocupantes. Uma rede de apoio sólida, que inclua cuidados de saúde mental e canais efetivos de denúncia, é crucial para detectar ameaças iminentes e intervir antes que a violência ocorra.

Ao abordar a teoria do caminho da violência com uma perspectiva multidisciplinar, podemos criar uma rede de segurança mais forte para prevenir a violência em nossa sociedade. É essencial que educadores, profissionais de saúde mental, agentes de segurança pública, autoridades e a comunidade estejam unidos nos esforços para proteger o bem-estar e a segurança de todos.

Devemos superar estigmas e promover uma cultura de empatia e compreensão em relação aos problemas de saúde mental. Ao fazer isso, podemos ajudar a identificar indivíduos em risco e oferecer o suporte necessário para evitar que se sintam impelidos a cometer atos violentos.

É fundamental observar que alguns indivíduos podem passar apenas pelos estágios iniciais e experimentar variações em sua trajetória ao longo do tempo, sem nunca chegar a realizar um ataque.

Compartilhar informações sobre o "caminho para a violência" ajuda a identificar, perceber ou aprender sobre comportamentos consistentes com algumas dessas etapas.

Em última análise, a prevenção da violência é uma tarefa coletiva que requer esforços contínuos e coordenados. Ao adotar uma abordagem multidisciplinar, com base na teoria do caminho da violência e na atenção da comunidade e autoridades, podemos trabalhar juntos para criar um ambiente mais seguro e proteger a todos da devastação causada pela violência em nossas escolas e na sociedade.

A prevenção é a chave para construir um futuro mais seguro e pacífico para todos.

Capítulo 8

Experiências reais

Além de todo o debate técnico realizado neste trabalho, acreditamos que a experiência pessoal das vítimas deste tipo de incidente tem valor inestimável no planejamento para a prevenção de futuros ataques.

No contexto de um ataque, as pessoas que realmente merecem que suas histórias sejam contadas são aquelas que atuaram para cessá-lo ou diminuir a intensidade de seu impacto, por isso conversamos com pessoas que vivenciaram o ataque ocorrido em 27 de março na Escola Estadual Thomazia Montoro, em São Paulo/SP. Os relatos foram mantidos da exata forma em que foram recebidos.

Relato da Professora Cinthia da Silva Barbosa

No dia 27 de março de 2023, numa segunda-feira, cheguei à escola por volta das 06h50min. para mais um dia de aula; lembro-me de ter guardado meu material na sala dos professores e pegar os materiais de trabalho. Já dentro da sala de aula, avistei na porta duas alunas, uma delas ao lado do responsável, que afirmou acompanhá-la durante a aula, convidei todos para entrarem e assim o fizeram.

Por volta das 07h10min., ouvi um barulho estranho de carteiras se mexendo, achei que fosse dinâmica de algum professor, acontece que o barulho não parava e passou a vir acompanhado de gritos. Então, coloquei a cabeça para fora da sala, pois o barulho estava me incomodando.

Ao virar a cabeça para o corredor, vi alunos correndo em direção à porta de saída, voltei meu corpo para dentro da sala e pedi para a responsável olhar minha turma enquanto eu iria ver o que estava acontecendo, pedi para ela não abrir a porta para ninguém, e que quando eu voltasse iria falar que era eu, e ela poderia abrir.

Saí correndo em direção às crianças que desciam a escada e subi no contrafluxo da fuga, dois lances de escada, e, antes de chegar ao último degrau, avistei minha coordenadora e lembro-me de perguntar:

— Cadê, cadê, o que está acontecendo?

Ela responde:

— Tá armado, cuidado!

Pergunto:

— É faca? Arma?

Ela responde:

— faca!

Lembro-me de que meus pensamentos não se encontravam, mas pergunto:

— Tá onde?

— Sala três!

Então, imediatamente, corro em direção à sala três! Avisto de longe uma professora deitada no chão e outra professora lutando contra o causador daquilo tudo, mas ela lutava no chão sem nada nas mãos, e ele com a faca desferindo golpes contra ela. Entro na sala e seguro ele pelo pulso, mas a professora estava se movimentando muito e fiquei com receio de desequilibrar, então, tento segurá-lo por trás para manter o equilíbrio.

Durante a luta, minha coordenadora entra e peço imediatamente que ajude a retirar a faca; com muito esforço, então, conseguimos retirar a faca, e em seguida ela remove a sua máscara... Para nossa surpresa, era nosso aluno!

Pergunto a ele se está sozinho, e ele afirma que sim.

Levo-o para fora da sala e pergunto o motivo de ter feito aquilo, me respondendo que era vingança por causa do bullying, *e continua dizendo que não era para acabar daquele jeito, mas que ele deveria tirar a própria vida.*

Desço com ele em direção à sala da direção, procuro mantê-lo próximo a mim, pois não tenho certeza de nada que poderia acontecer naquele momento. Ao encontrar a diretora, ela diz para eu colocá-lo na sala da vice-direção, mas a porta tem vidros, me lembro das falas dele em tirar a própria vida e havia muitas pessoas no corredor. Então, falei que ali não poderia. Aguardei providenciarem outro espaço, no caso uma sala dentro da secretaria.

Entro com ele, estando as secretárias lá dentro. A vice-diretora vai até lá e logo dois policiais chegam, momento que pergunto se posso sair, pois o espaço é pequeno, e eles afirmam que sim.

Saio desorientada, mas precisava ver minha turma, como eles estavam. Lembro-me de ver minha camiseta com sangue, então, a viro ao contrário para meus alunos não verem aquela cena.

Ao chegar à sala, um professor já estava com minha turma, então, peço para ele ficar mais um pouco com eles, pois eu estava DESORIENTADA, mas em alerta. Conversei com as pessoas que me chamavam pela escola, mas minha maior preocupação passou a ser com a professora que estava deitada no chão, já estava ouvindo conversas de que ela estava muito mal.

Eu orava a Deus pedindo para abençoar e iluminar a equipe de médicos/socorristas, bombeiros que estavam cuidando dela.

Em seguida, iniciamos a liberação dos alunos, e, por fim, fui para a delegacia prestar meu depoimento. Todo o ocorrido, desde o momento em que eu subo as escadas até a chegada da polícia, se deu em aproximadamente seis minutos.

Fica como aprendizado a realidade de que precisamos como educação unir e estreitar laços com demais secretarias para a prevenção de ataques e cuidados com nossas crianças, nossos adolescentes, profissionais da educação e principalmente conscientizar as famílias sobre suas responsabilidades com os filhos ou tutelados!

Caso um fato semelhante ocorresse novamente, tentaria aplicar as orientações conforme sugerido nos livros e artigos lidos sobre o tema ataques ativos, como: formar barreiras para impedir a entrada do ou dos indivíduos, entraria em contato imediatamente com a polícia e procuraria manter os alunos calmos. Todavia, existiria uma enorme possibilidade de, novamente, seguir meu instinto, uma vez que, até a presente data, não recebemos nenhum treinamento fictício para situações similares, exceto a realização do curso on-line de primeiros socorros ofertado por meio do site educação pública corpo de Bombeiros PM para a comunidade, que compreendo não ser totalmente eficaz se utilizado de forma isolada em uma situação de ataque ativo.

Relato da Diretora Vanessa Cristina Soares

Um dia ordinário em uma escola extraordinária, com alunos mais que especiais. Uma manhã de muito trabalho pela frente. As segundas me movem. Ao chegar à escola, desejei um bom-dia a todos. A nossa funcionária da limpeza sempre varrendo o estacionamento no início da manhã. Deixei os meus pertences em minha sala. Sem imaginar que em alguns minutos viveria um pesadelo. Sete e dez da manhã ouvi gritos e crianças correndo. Como o portão estava aberto, pois a funcionária estava limpando, as crianças saíram correndo na rua pedindo ajuda, inclusive uma das vítimas, um aluno acabou sendo socorrido por um carro, de um estranho que estava passando na rua e o ajudou. Não consegui entender muito bem o que estava acontecendo. Uma aluna entrou na minha sala pedindo ajuda e dizendo que não queria mais estudar. Busquei acalmá-la. Ela dizia "faca" "faca". Liguei 190 e pedi por socorro. Estamos em uma escola e precisamos de ajuda, parece que temos feridos por faca. Logo em seguida, a professora apareceu com um aluno na porta, dizendo onde poderia colocá-lo, pois ele disse que queria se matar. É uma escola.

Sem pensar muito, fui resolvendo as coisas à medida que elas se apresentavam e sem preparo técnico, pois jamais pensei em passar por algo nessa proporção. Isolei o aluno em uma sala, liguei para a família do aluno, liguei para a minha dirigente, passei em todas as salas do corredor de baixo acalmando as crianças. A polícia chegou e foi prontamente prestar socorro. Quando subi ao andar de cima, paralisei. Vi as minhas duas professoras, vítimas, indefesas no chão, um livro, sangue por todos os lados. É uma escola.

Procuro por respostas, entro na sala, olho nos olhos do estudante que feri e pergunto: "Por quê?" Ele me diz: "Por causa do bullying". "Por que a professora?" "Porque ela é fraca".

Pergunto aos pais: "Vocês não perceberam nada de diferente nos filhos de vocês?" A resposta: "Não".

Por mais que eu quisesse bradar o meu medo, eu escolhi uma postura de força e coragem, pois eu precisava fortalecer a equipe. A partir dali, foi em um piloto automático de solucionar, evacuamos com orientação do coronel, atendemos os pais, encaminhamos para a delegacia, confortamos a equipe. As professoras foram levadas para o hospital. Ela vai conseguir. Ela é forte.

Daqui a pouco, a notícia: ela veio a óbito. O chão se abrindo, porém sigo forte, tenho uma equipe, alunos e pais para dar suporte. Do caos veio a minha força.

Aquele dia não teve fim até hoje. A escola se tornou um cenário totalmente diferente do que estamos acostumados. Os professores e alunos entraram em recesso. A sala que foi o local do ataque ficou com o sangue, as mochilas e celulares tocando. Fizemos a limpeza, guardamos os pertences e ligamos para as famílias para ofertar uma escuta. Era o possível. É uma escola.

Deixo o meu agradecimento em memória de Elisabeth, por querer fazer a diferença na educação. E a professora Ana Célia, por sua coragem e bravura.

Os dias se passam. As lembranças ficam. No momento, a escola está em fase de reconstrução, tivemos evasão de alunos, insegurança e medo por parte das famílias, e estamos buscando apoio de saúde mental para ajudar os estudantes e a equipe escolar e propor medidas que auxiliem na prevenção de violência nas escolas agora e no futuro; é o que nos traz esperança para continuar. Precisamos pensar juntos em como criar escolas mais seguras para a nossa sociedade.

Relato da Professora Rita Reis

Numa segunda-feira, em 27 de março de 2023, por volta das 7h10min. da manhã, eu estava em minha sala fazendo chamada, quando escutei um barulho no corredor, abri a porta pra pedir pros alunos irem devagar, pois iriam se machucar nas escadas, quando um homem entrou na minha sala e passou a me esfaquear. Corri para o fundo da sala, os alunos saíram correndo, e fiquei sozinha com ele, levei três facadas, sendo duas no antebraço e uma na altura do ombro, nas costas. Foi muito rápido, ele entrou na sala e já desferiu o primeiro golpe, coloquei o braço na frente para me proteger, *veio o segundo golpe, bem perto do primeiro, virei para correr, ele me acertou nas costas; fiquei acuada no fundo da sala; daí pra frente não lembro como saí da sala, se saí sozinha, se alguém me ajudou, não me lembro, apagou da minha mente.*

Fui levada para a secretaria da escola, onde a vice-diretora estava tentando me socorrer, me lembro que perguntei se alguém mais havia se machucado, a vice-diretora me falou que sim, que tinham mais duas professoras. Quando eu soube que o rapaz estava na sala ao lado, fiquei com muito medo e fui para a rua, estava cheio de gente, alunos, pais de alunos que já tinham chegado, policiais e socorro médico. Fiquei ali esperando algum tempo. Uma policial chamada Andréia, da DP da Vila Sônia, fez o primeiro atendimento enfaixando meu braço e colocou um curativo nas costas. Depois de um tempo, saíram duas ambulâncias — uma com a professora Beth e outra com a professora Ana Célia. Eu fui levada para o hospital da USP numa viatura de polícia, onde fui muito bem atendida e com todo o respeito que a situação merecia. Quando eu cheguei à minha casa, já tinha*m repórteres me esperando, assim como tinha à porta do hospital.*

As principais lições que aprendi foram a de que criança precisa de carinho respeito, atenção e de família. Infelizmente, pude viver na pele o que acontece com uma criança que vive numa família desestruturada, cuja culpa também não é da família, pois, se é desestruturada, *significa que vem de longa data, talvez de toda uma geração familiar. De quem é essa culpa? Do Estado? Da sociedade? Da educação? Aprendi, portanto, que não existem culpados, existem vítimas.*

Eu, sozinha, não poderia *ter evitado nada, precisaria da ajuda do Estado, da Educação, da polícia, dos políticos, de toda a sociedade, para caminharmos juntos em prol de melhorias em todos os sentidos. Infelizmente, estamos vivendo o caos de uma sociedade doente.*

Se acontecesse novamente hoje, o que eu faria? Talvez eu jogasse uma cadeira em cima dele, talvez eu tentasse falar com ele com carinho, mas isso tudo é bem na condicional, porque, do jeito que ele estava, o quadro seria o mesmo, a tragédia estava com dia certo e hora marcada.

Os alunos precisam enxergar que somos todos iguais, independentemente de raça, cor, tamanho, credo. Quando eu era criança, também existia a "zoação", mas hoje virou motivo de morte. Precisamos voltar a entender que bullying *é prejudicial a todos que passam por isso, mas não mata; nossos avós, pais, nós mesmos passamos por isso e estamos em pé.*

Não existe plano de ação, existe o que podemos chamar de "boa-fé" que é apenas acreditar que já aconteceu uma vez conosco, então, não vai acontecer mais. *Houve, sim, evasão escolar; muitos alunos saíram da escola, porém, muitos vieram para a escola. Falando por mim, que fui atingida, eu digo que evadi, não voltei mais para a escola e tenho medo, não consigo mais me imaginar dando aula virada de costas pra sala, escrevendo na lousa, tenho a impressão de que vou ser atacada.*

Hoje eu tenho medo de adolescente, tenho medo de faca, não consigo dormir no escuro, muito barulho me assusta, estou aos cuidados de uma psiquiatra e uma psicóloga. Psicóloga é Centro de Referência e Apoio à Vítima (CRAVI). Portanto, um órgão estatal; e a psiquiatra é particular.

Relato da Professora Ana Celia

No dia 27/03/23, como de costume, cheguei cedo à escola Thomazia Montoro. Gosto de iniciar o dia com antecedência, sempre. Ao entrar, notei que nossa sala ainda estava um pouco bagunçada devido à mudança que fizemos no sábado anterior. O clima estava ameno, e eu, que não sou fã de calor, estava aproveitando a leitura de um livro, considerando o dia maravilhoso.

Percebi que meus colegas professores pareciam inquietos e agitados, incluindo a professora Gislene, que me fez alguma pergunta à qual não recordo a resposta. Sugeri que ela fosse à sala para a aula, já que logo seria o horário. A professora Bete, por sua vez, havia pedido para guardar uma sacolinha dela no sábado, já que trabalhamos juntas nesse dia, mas ela não pôde ficar. Quando chegou para buscá-la, algo pareceu errado, e ela mencionou que precisava do seu notebook. Fui buscá-lo na sala de informática.

Ao retornar com o notebook, a professora Bete solicitou que eu verificasse o armário onde ela guardava seus pertences, que não estava bem organizado. Após essa conversa, fui até a sala dos professores, onde havia outros colegas, como a professora Gina, a Jane e alguns outros. Enquanto estava lá, comecei a organizar os dicionários nos armários para que pudéssemos guardar nossas coisas.

Em questão de minutos, ouvi gritos, mas não prestei muita atenção. Depois, um aluno do oitavo ano entrou na sala gritando por ajuda, referindo-se à professora Bete, que estava no corredor. Levantei-me, peguei o dicionário e corri em direção ao corredor. Quando cheguei à sala da professora Bete, ela já estava caída entre a lousa e a mesa.

Pensando que ela havia passado mal, devido a um resfriado que teve recentemente, ajoelhei-me ao seu lado e tentei acalmá-la. Pouco depois, um aluno me atacou com uma faca, e eu não tive tempo de reagir. Sofri várias facadas, resultando em muitos pontos e sérios ferimentos.

Por sorte, a professora Cíntia apareceu e conseguiu contê-lo, até que a coordenadora, dona Sandra, chegasse. Dona Sandra conseguiu tirar a faca dele e controlar a situação. Enquanto isso, eu estava desacordada.

Após o incidente, minha memória está um pouco embaçada, mas me lembro de ser levada ao hospital, onde recebi tratamento e fui operada. Sofri várias facadas, inclusive na nuca, o que gerou preocupações quanto à possibilidade de atingir a coluna. A cirurgia foi demorada; e lembro que, quando saí da sala de cirurgia, já era quase noite.

Após minha recuperação, retornei à escola e fiz os depoimentos necessários na delegacia. Infelizmente, uma de nossas colegas, a professora Elisabete, não sobreviveu.

Principais lições aprendidas:

- *A vida é preciosa e curta, portanto, devemos valorizar cada momento e tratar os outros com amor e respeito.*
- *Combater o bullying é fundamental desde cedo, ensinando aos alunos sobre igualdade, independentemente de raça, cor ou crença.*

Como agir em uma situação semelhante:

- *Em uma situação de emergência, é fundamental que os alunos permaneçam onde estão, fechem a porta e tentem se acalmar. No entanto, o comportamento pode variar de acordo com a situação.*

Plano de ação para emergências:

- *Não havia um plano de ação específico para um ataque ou uma emergência, e não havia um número de emergência na escola para ligar.*

Evasão de alunos após o ataque:

- *Após o ataque, muitos alunos deixaram a escola, cerca de 30 aproximadamente.*

Impacto psicológico:

- *Professores e alunos vivenciaram ansiedade, falta de paciência, medo, insegurança e trauma. Eu, em particular, enfrentei insônia e dificuldade para dormir.*

Tempo para chegar ao hospital:

- *O tempo exato não foi mencionado, mas fui prontamente atendida no hospital e submetida a uma cirurgia demorada, para tratar as facadas.*

Orientações sobre a imprensa:

- *Não recebi orientações específicas sobre como lidar com a imprensa.*

REFERÊNCIAS

ADVANCED LAW ENFORCEMENT RAPID RESPONSE TRAINING. Avoid / Deny / Defend. San Marcos: Texas State University, 2015. Disponível em: https://www.avoiddenydefend.org/. Acesso em: 02 out. 2023.

ADVANCED LAW ENFORCEMENT RAPID RESPONSE TRAINING. Active Shooter Response Level 1. V. 7.2. San Marcos: Texas State University, 2020.

AGUILAR, P. A. *et al.* Atualização de procedimentos adotados na PMESP na doutrina de gerenciamento de crises, modelo estático, para o modelo dinâmico de gestão de crises. Artigo Científico (Mestrado em Ciências Policiais de Segurança e Ordem Pública) - Centro de Altos Estudos em Segurança. São Paulo: CAES, 2017.

ANDRADE, A. E. R. Treinamento do Policial Militar da Matriz Operacional I para atuar como primeiro interventor em ataques ativos. 2023. Dissertação (Mestrado em Ciências Policiais de Segurança e Ordem Pública) - Centro de Altos Estudos de Segurança, Polícia Militar do Estado de São Paulo, São Paulo, 2023.

ANDRADE, A. E. R.; RACORTI, V. S. Atuação do Atendente de Emergência e Despachador no contexto de Ataques Ativos. Velhogeneral, 2023a. Disponível em: https://velhogeneral.com.br/2023/06/03/atuacao-do-atendente-de-emergencia-e-despachador-no-contexto-de-ataques-ativos/. Acesso em: 02 out. 2023.

ANDRADE, A. E. R.; RACORTI, V. S. Incremento da capacidade de resposta e sobrevivência em ataques ativos. Velhogeneral, 2023b. Disponível em: https://velhogeneral.com.br/2023/05/20/incremento-da-capacidade-de-resposta-e-sobrevivencia-em-ataques-ativos/. Acesso em: 02 out. 2023.

BAELE, S. J.; BRACE, L.; COAN, T. G. From "Incel" to "Saint": Analyzing the violent worldview behind the 2018 Toronto attack. Terrorism and Political Violence, v. 33, n. 8. DOI: 10.1080/09546553.2019.1638256. Disponível em: https://doi.org/10.1080/09546553.2019.1638256. Acesso em: 02 out. 2023.

BLAIR, J. P. *et al.* Active shooter events and response. Boca Raton: Taylor and Francis, 2013. ISBN 978-1466512313.

BLAIR, J. P. *et al.* Correlates of the Number Shot and Killed in Active Shooter Events. San Marcos: Texas State University, 2020. Disponível em: https://alerrt.org/r/18. Acesso em: 02 out. 2023.

BLAIR, J. P.; DURON, A. How police officers are shot and killed during active shooter events: Implications for response and training. San Marcos: Texas State University, 2022. Disponível em: https://alerrt. org/r/30. Acesso em: 02 out. 2023.

BLAIR, J. P.; SCHWEIT, K. W. A Study of Active Shooter Incidents, 2000-2013. Washington: Texas State University and Federal Bureau of Investigation, 2014. Disponível em: https://www.fbi.gov/file-repository/active-shooter-study-2000-2013-1.pdf/view. Acesso em: 02 out. 2023.

BORSCH, R. Ohio Trainer Makes the Case for Single-Officer Entry Against Active Killers. Force Science News, 2007.

CALHOUN, F.; WESTON, S. Contemporary threat management: A practical guide for identifying, assessing and managing individuals of violent intent. Specialized Training Services: San Diego, 2003.

CHRISTENSEN, L.; ARTWOHL, A. Deadly Force Encounters, Second Edition: Cops and Citizens Defending Themselves and Others. Independently published, 2019. ISBN 978-1650012193.

CLAUSEWITZ, C. V. Da guerra. São Paulo: WMF Martins Fontes, 2017. ISBN 978-8578272111.

COLORADO, US (Estado). The Report of Governor Bill Owens Columbine Review Commission. 2001. Disponível em: https:// schoolshooters.info/sites/default/files/Columbine%20-%20 Governor's%20Commission%20Report.pdf. Acesso em: Acesso em: 02 out. 2023.

DEPARTMENT OF HOMELAND SECURITY. Active shooter – how to respond. Washington: Cybersecurity and Infrastructure Security Agency, 2008. Disponível em: https://www.dhs.gov/xlibrary/assets/ active_shooter_booklet.pdf. Acesso em: 02 out. 2023.

DEPARTMENT OF HOMELAND SECURITY. National Preparedness Goal. Washington: Federal Emergency Management Agency, 2015. Disponível em: https://www.fema.gov/sites/default/ files/2020-06/national_preparedness_goal_2nd_edition.pdf. Acesso em: 02 out. 2023.

DEPARTMENT OF HOMELAND SECURITY. Soft target and crowded places security plan overview. Washington: Cybersecurity and Infrastructure Security Agency, 2018. Disponível em: https://www.cisa.gov/sites/default/files/publications/DHS-Soft-Target-Crowded-Place-Security-Plan-Overview-052018-508_0.pdf. Acesso em: 02 out. 2023.

FEDERAL BUREAU OF INVESTIGATION. Active shooter incidents 20-year review, 2000-2019. Washington: Office of Partner Engagement, 2021a. Disponível em: https://www.fbi.gov/file-repository/active-shooter-incidents-20-year-review-2000-2019-060121.pdf. Acesso em: 02 out. 2023.

FEDERAL BUREAU OF INVESTIGATION. Active shooter incidents in the United States in 2020. Washington: Office of Partner Engagement, 2021b. Disponível em: https://www.fbi.gov/file-repository/active-shooter-incidents-in-the-us-2020-070121.pdf. Acesso em: 02 out. 2023.

FEDERAL BUREAU OF INVESTIGATION. Active shooter incidents in the United States in 2021. Washington: Office of Partner Engagement, 2022. Disponível em: https://www.fbi.gov/file-repository/active-shooter-incidents-in-the-us-2021-052422.pdf. Acesso em: 02 out. 2023.

FEDERAL BUREAU OF INVESTIGATION. Active shooter incidents in the United States in 2022. Washington: Office of Partner Engagement, 2023. Disponível em: https://www.fbi.gov/file-repository/active-shooter-incidents-in-the-us-2022-042623.pdf. Acesso em: 02 out. 2023.

FEDERAL BUREAU OF INVESTIGATION. Making prevention a reality: identifying, assessing, and managing the threat of targeted attacks. Washington: Behavioral Analysis Unit - National Center for the Analysis of Violent Crime, 2019. Disponível em: https://www.fbi.gov/file-repository/making-prevention-a-reality.pdf. Acesso em: 02 out. 2023.

FEDERAL EMERGENCY MANAGEMENT AGENCY. National Incident Management System. Washington: Department of Homeland Security, 2017. Disponível em: https://www.fema.gov/sites/default/files/2020-07/fema_nims_doctrine-2017.pdf. Acesso em: 02 out. 2023.

FEDERAL EMERGENCY MANAGEMENT AGENCY. About US. Washington: Department of Homeland Security, 2017. Disponível em: https://www.fema.gov/about-agency. Acesso em: 02 out. 2023.

FAGGIANO, V.; MCNALL, J.; GILLESPIE, T. Critical Incident Management: a complete response guide. Boca Raton: Taylor and Francis, 2011. ISBN 978-1439874547.

FRANÇA, L. F. M. F. et al. Alpha Bravo Brasil: Crimes Violentos Contra o Patrimônio. Curitiba: CRV, 2020. ISBN 978-6555785203.

FRAZZANO, T. L.; SNYDER, G. M. Hybrid Targeted Violence: challenging conventional "active shooter" response strategies. Homeland Security Affairs Journal, v. 10, n. 3, Feb. 2014. Disponível em: https://www.hsaj.org/articles/253. Acesso em: 02 out. 2023.

GROSSMAN, D.; CHRISTENSEN, L. On Combat: The Psychology and Physiology of Deadly Conflict in War and in Peace. Millstadt: Warrior Science Publications, 2008. ISBN 978-0964920545.

HEAL, C. S. Sound Doctrine: a Tactical Primer. The Tactical Edge, 2000.

HEAL, C. S. Situational awareness and a common operational picture. The Tactical Edge, 2002.

HOFFMAN, B.; WARE, J. SHAPIRO, E. Assessing the threat of incel violence. Studies in Conflict and Terrorism, v. 43, n. 7. DOI: 10.1080/1057610X.2020.1751459. Disponível em: https://doi. org/10.1080/1057610X.2020.1751459. Acesso em: 02 out. 2023.

IMMEDIATE ACTION RAPID DEPLOYMENT - NEW RULES OF ENGAGEMENT. Police 1, 2007. Disponível em: https:// www.police1.com/police-products/wmd-equipment/ppe/articles/ immediate-action-rapid-deployment-new-rules-of-engagement-wbXig9LBrPJRnpQh. Acesso em: 02 out. 2023.

INTERNATIONAL ASSOCIATION OF CHIEFS OF POLICE. Active shooter. Alexandria: Law Enforcement Policy Center, 2018. Disponível em: https://www.theiacp.org/sites/default/files/2021-07/ ActiveShooter2018-UpdatedFormat%2007.16.2021_0.pdf. Acesso em: 02 out. 2023.

INVESTIGATIVE ASSISTANCE FOR VIOLENT CRIMES ACT OF 2012. Public law 112–265, 2013. Disponível em: https://www. govinfo.gov/content/pkg/COMPS-10198/pdf/COMPS-10198.pdf. Acesso em: 02 out. 2023.

LANKFORD, A.; MADFIS, E. Don't Name Them, Don't Show Them, But Report Everything Else: A Pragmatic Proposal for Denying Mass Killers the Attention They Seek and Deterring Future Offenders. American Behavioral Scientist, September 2017. Disponível em: https://www.researchgate.net/publication/319560751. Acesso em: 02 out. 2023.

LIEBE, B. Developing the tactical competency of school resource officers. National Tactical Officers Association, 2023.

MACLEAN, P. D. The Triune Brain in Evolution: Role in Paleocerebral Functions. New York: Plenum Press, 1990. ISBN 978-0306439703.

MELOY, J. R.; SHERIDAN, L.; HOFFMANN, J. Stalking, threatening and attacking public figures: A psychological and behavioral analysis. New York: Oxford University Press, 2008.

MINISTÉRIO DA JUSTIÇA E SEGURANÇA PÚBLICA. Operação Escola Segura já efetuou 368 prisões e apreensões. Brasília, 2023. Disponível em: https://www.gov.br/mj/pt-br/assuntos/noticias/operacao-escola-segura-ja-efetuou-368-prisoes-e-apreensoes. Acesso em: 02 out. 2023.

NATIONAL INSTITUTE OF STANDARDS AND TECHNOLOGY. World Trade Center Investigation. NIST, 2005. Disponível em: https://www.nist.gov/world-trade-center-investigation. Acesso em: 02 out. 2023.

NATIONAL THREAT ASSESSMENT CENTER. Enhancing school safety using a threat assessment model: an operational guide for preventing targeted school violence. Washington: United States Secret Service and Department of Homeland Security, 2018.

NORTON, T. Primary law enforcement mistakes during initial critical incident response and timeline of these events anatomy of the first 60. 2018. Dissertação (Mestrado) - California State University, Long Beach, 2018.

PAJUNEN, C. The lone wolf terrorist: mechanisms and triggers of a process-driven radicalization. Paideia, v. 2, DOI 10.15368/ paideia.2015v2n1.12, apr. 2015. Disponível em: https://digitalcommons. calpoly.edu/paideia/vol2/iss1/18. Acesso em: 02 out. 2023.

PETERSON. J.; DENSLEY. J. The mass shooter database. The Violence Prevention Project Research Center, 2022. Disponível em: https:// www.theviolenceproject.org/. Acesso em: 02 out. 2023.

POLÍCIA MILITAR DO ESTADO DE SÃO PAULO. Diretriz nº PM3-001/02/20. Normas para o Sistema Operacional de Policiamento PM – NORSOP. São Paulo: 3ª Seção de Estado-Maior, 2020.

RACORTI, V. S. Atuação de comando e controle integrado e sistematizado de multiagências em incidentes críticos. Biblioteca Digital MJ, 2021. Disponível em: http://dspace.mj.gov.br/handle/1/5513. Acesso em: 02 out. 2023.

RACORTI, V. S. Incidentes Críticos: suas fases, espécies e características. Fórum Brasileiro de Ciências Policiais, 2020. Disponível em: https:// cienciaspoliciaisbrasil.com.br/incidentes-criticos-suas-fases-especies-e-caracteristicas. Acesso em: 02 out. 2023.

RACORTI, V. S. Proposta estratégica para atualização, difusão e emprego da doutrina de gerenciamento de incidentes na Polícia Militar do Estado de São Paulo. 2019. Tese (Doutorado em Ciências Policiais de Segurança e Ordem Pública) - Centro de Altos Estudos de Segurança, Polícia Militar do Estado de São Paulo, 2019.

RACORTI, V. S.; ANDRADE, A. E. R. Ataques Ativos: análise do fenômeno e propostas de atuação em amplo espectro. Velho General, 2023. Disponível em: https://velhogeneral.com.br/2023/04/07/ ataques-ativos-analise-do-fenomeno-e-propostas-de-atuacao-em-amplo-espectro/. Acesso em: 02 out. 2023.

RACORTI, V. S.; ANDRADE, A. E. R. O caminho da violência. Velhogeneral, 2023b. Disponível em: https://velhogeneral.com. br/2023/08/07/o-caminho-da-violencia/. Acesso em: 02 out. 2023.

RIPLEY, A. The Unthinkable: Who survives when disaster strikes – and why. New York: Harmony, 2009. ISBN 978-0307352903.

SHAHID. S.; DUZOR. M. History of mass shooters. VOA News, 2021. Disponível em: https://projects.voanews.com/mass-shootings/. Acesso em: 02 out. 2023.

SILVER, J.; SIMONS, A.; CRAUN, S. A study of the pre-attack behaviors of active shooters in the United States between 2000 and 2013. Washington: Federal Bureau of Investigation, 2018.

SOUZA, W. M. Gerenciamento de Crises: negociação e atuação de grupos especiais de polícia na solução de eventos críticos. 1995. Dissertação (Mestrado em Ciências Policiais de Segurança e Ordem Pública) - Centro de Altos Estudos de Segurança, Polícia Militar do Estado de São Paulo, 1995.

TALEB, N. N. A lógica do cisne negro: o impacto do altamente improvável. Rio de Janeiro: Objetiva, 2021. ISBN 978-8547001261.

VOSSEUKUIL, B. *et al*. The final report and findings of the safe school initiative: implications for the prevention of school attacks in the United States. Washington: United States Secret Service and United States Department of Education, 2004. Disponível em: https://www2. ed.gov/admins/lead/safety/preventingattacksreport.pdf. Acesso em: 02 out. 2023.

OUTROS TÍTULOS DA EDITORA

https://www.iconeeditora.com.br